『新聞研究』別冊

デジタル時代の新聞の公共性を考える

日本新聞協会

デジタル時代の新聞の公共性研究会　名簿

(2022年12月・敬称略)

座長	慶応義塾大学	メディア・コミュニケーション研究所教授	鈴木秀美
研究員	東京大学	大学院法学政治学研究科教授	宍戸常寿
	朝日新聞東京本社	編集担当補佐	渡辺　勉
	毎日新聞社	デジタル編集本部次長	小坂　大
	(2022年3月まで)	編集編成局次長兼写真映像報道センター長	齊藤信宏
	読売新聞東京本社	社会部長	早坂　学
	(2021年5月まで)	社会部長	恒次　徹
	北海道新聞社	編集局次長	堀井友二
	河北新報社	経営企画局企画委員	石川正宏
	信濃毎日新聞社	東京支社長	高森和郎
	(2022年3月まで)	総務局長兼社長室長	藤嶋義昭

計8人

はじめに

グローバル化やデジタル化を背景に日本社会のメディア環境は大きく変化しつつある。新聞は、新しいメディア環境をどのように捉え、それにどのように対応していくべきなのか。2020年３月に発足した「デジタル時代の新聞の公共性研究会」は、このような問題意識のもと、新型コロナウイルス感染症の感染拡大という思いもよらぬ事態の中でも、さまざまな分野の専門家や実務家を講師に招いて、新しいメディア環境の「実像」の多角的な把握に努め、同時に、デジタル時代において新聞にどのようなジャーナリズムが求められるかについてのご提言をいただき議論を重ねてきた。その際、新聞協会の会員社の社員の方たちから寄せられたご意見も参考にさせていただいた。この場を借りて、本研究会の活動にご協力くださった多数の皆様に心よりお礼申し上げたい。

デジタル化が進展しても自由で民主的な社会にとって、ジャーナリズム的に編集された正確で信頼性の高い情報は不可欠である。インターネット上を流通する情報は玉石混交であり、いわゆる「フェイクニュース」のような悪意のある虚偽情報の流通が社会問題になるなか、新聞が発信するジャーナリズムはその重要性を増しているとさえいえる。ところが、残念なことにジャーナリズム全般への社会的理解は揺らいでいる。そのような状況で、本研究会が招いた講師の方たちから指摘されたのは、新聞がこれまでの常識にとらわれることなく、大きく変化したメディア環境の現状を正確に把握することの重要性や、読者の「声」に耳を傾け、市民との対話を重ねる開かれた姿勢の必要性だった。

本報告書は、これまでの活動を踏まえて各委員がそれぞれのテーマに基づいて個別に執筆した論考と、月刊誌『新聞研究』で既に公表された本研究会での基調報告の再録からなる。委員の論考では、新聞の公共性の基盤となる「知る権利」と「民主主義」の現在が再考され（第１部）、デジタル時代の新聞に求められる姿勢や取り組みが具体的に明らかにされている（第２部）。本書が読者の皆様の知見を広げ、思索を深める一助となり、結果としてデジタル時代の新聞のあるべき姿をめぐる議論の活性化に少しでも寄与できれば幸いである。

2022年12月

研究会を代表して　　　　　　　　鈴　木　秀　美

デジタル時代の新聞の公共性を考える

目次

デジタル時代の新聞の公共性研究会　各回の基調報告（概要）

新聞協会のホームページ　https://www.pressnet.or.jp/　編集部のe-mail shuppan@pressnet.or.jp

デジタル時代の新聞の公共性研究会

議論の経緯と本書の構成

『新聞研究』編集部

新聞協会は2020年3月から約2年半にわたり「デジタル時代の新聞の公共性研究会」を運営してきた。鈴木秀美・慶応義塾大学教授（座長）、宍戸常寿・東京大学教授と新聞6社6人（朝日、毎日、読売、北海道、河北、信濃毎日）の委員が集まり、デジタル時代の新聞ジャーナリズムをテーマに議論を重ねてきた。その活動と得られた知見、成果をまとめたのがこの報告書である。

ジャーナリズムを柱に

研究会設置の背景には、インターネット環境の整備と発展により、メディアを取り巻く状況が刻一刻と変化しているとの認識があった。こうした時代に新聞が持つ公共性とは何かを探り、概念や実態の変化と今日的な姿を考察することが研究会の目的とされた。

総務省の21年「通信利用動向調査」によると、インターネットの利用者は全体で82・9％。13歳から59歳は90％を超える。スマートフォンの世帯保有率は11年の29・3％から増加を続け、21年は88・6％となっている。04年のフェイスブック、06年のツイッター開設を経て拡大を続けるSNSは人々の情報行動を大きく変えた。特に若い人は、SNSやアプリでニュースや情報を摂取する傾向が強まっている。

20年6月に本研究会で基調報告した遠藤薫・学習院大学教授は、現代のメディア社会が「マスメディア、ネットメディア、実空間コミュニケーションの相互作用」で成り立つことを指摘している。新聞をはじめ既存マスメディアが発信する情報もデジタル空間で受容され、解釈され、流通する。今やデジタルの影響を無視して新聞の報道や世論形成のあり方を考えることは不可能である。

また、デジタル時代の新聞のあり方を考えることが重要となっている理由に、新聞経営の厳しい状況がある。

長く新聞社の2大収入源となってきたのは紙の新聞の販売収入と広告収入である。新聞の発行部数（新聞協会調べ）は1997年の5376万5074部をピークに減少を続け、2021年は3302万7135部となっている。電通「日本の広告費」によると、新聞広告費のピークは1990年の1兆3592億円。2021年は3815億円である。

新聞経営の厳しさの要因は、人々の意識や価値観の多様化・複雑化に伴う大衆社会の変容、生活習慣の変化や人口減少など多様だが、その主たる要因の一つにデジタル社会の進展が挙げられる。「インターネット元年」と言われた1995年の前後から販売・広告がダウントレンドに転じていることは、その傍証ともされる。なお、同じ活字メディアである出版物（書籍・雑誌）の推定販売金額のピークも96年である（出版指標年報）。

そうした中、新聞社がデジタルに積極的に参入することで、デジタル事業を経営の柱に育てる動きが本格化している。新聞社は当初、補完的なサービスとしてネットに無料でニュースを流すことが主流だった。そのことは、プラットフォーム事業者の強大化に寄与した可能性もある。

現在の新聞は、どこにペイウォールを設定して無料・有料のコンテンツを切り分けるかを意識しながら、デジタルでの収益拡大を目指している。しかし、デジタルでの安定的なビジネスモデルはいまだ確立されていないのが現状である。将来にわたってネット上にメディアビジネスを存続させるエコシステムの重要性が言われるところであり、本研究会の中でもたびたび議論のテーマとなってきた。

一方、戸別配達制度を基軸とする紙の新聞のビジネスモデルは依然として中心的な意味を持っており、日本の新聞社の大多数は紙とデジタルのビジネスを両立させる道を探っている。そのバランスをどう捉え、将来戦略を組み立てるかは、各社固有の経営判断となる。

本研究会は、新聞経営やエコシステムの課題を念頭に置きつつ、ビジネスモデルがどう変わっても残る新聞の公共的役割とは何かを研究テーマとした。その柱がジャーナリズムである。

知る権利に応え、権力を監視し、民主主義を支える新聞の公共性、民主主義を支える新聞の公共性、より良い社会の実現を目指す新聞の立場はこれからも変わらない。ただ、デジタル化の進展によって、新聞ジャーナリズムに求められる役割も変化している。そして、そうした役割を担う新聞社やジャーナリストも変化を求められている。これらの点が本研究会の考察対象となった。

もちろんジャーナリズム以外の新聞社の活動に多種多様な公共的役割があることも、改めて指摘しておく必要がある。新聞が毎日届き、読まれること自体に、民主主義を支える重要な意味がある。信頼性の高い新聞広告や新聞社が展開する各種事業、社会貢献活動が担う公共性もある。

新聞協会の研究会活動

新聞協会は1946年の設立当初から、外部の研究者・学識経験者を迎えての研究会活動に力を入れてきた経緯がある。特に、草創期から断続的に設置・運営してきた「新聞法制研究会」がその中心となってきた。今回と同じく「公共性」をテーマにした研究会としては、2006年から08年にかけての新聞法制研究会、13年に運営された「新聞の公共性に関する研究会」がある。

前者は、裁判員制度の導入を控えて新聞の事件報道のあり方が問われた状況を踏まえ、08年8月に報告書「新聞の公共性と事件報道――裁判員制度、取材源秘匿から考える」をまとめた。後者は、新聞に消費税軽減税率の適用を求める意義を念頭に置き、新聞の公共性とは何かを考察した。新聞協会はこの研究会の意見書をもとに13年11月、報告書「新聞の公共性と知識課税」を刊行した。これに先立ち同年6月には、各所に配布するパンフレット「新聞の公共性と役割～私たちはこう考えます～」を作成している。本研究会にとっては、特に13年と今日の比較（変わるべき点は何か、変わらない価値は何か）が重要である。この9年間で社会のデジタル化は大きく進展している。

13年当時の議論や近年の新聞協会の声明・見解などで、新聞の公共性の大きな論拠とされてきたのは、知る権利への奉仕、民主主義を支える役割――の2点であると言える。新聞にとって「知る権利」と「民主主義」の重要性は、今日においても変わらない。ただ、誰もが情報を検索、発信できる時代の知る権利とは、何をどのように知る権利なのか、フェイクニュースの拡散や社会の分断が問題となる現代において、民主主義を支えるために果たすべき役割とは何なのか。新聞に求められる公共性の中身は時代状況によって変化していると考えられる。

各回のテーマと講師

研究会は開かれた活動を心掛け、各分野の専門家を招き、多面的な知見を得ながら議論を進めてきた。各回の講師は以下の通りである（敬称略、所属は当時）。

・第1回（2020年6月9日）「メディアと政治・経済・社会との関係の変化」講師＝遠藤薫（学習院大学）
・第2回（2020年7月22日）「メディア環境の変化と生活者の情報行動」講師＝新美妙子（博報堂ＤＹメディアパートナーズ）
・第3回（2020年9月8日）「デジタル時代におけるメディアの信頼構築」講師＝瀬尾傑（スマートニュースメディア研究所）、「ネット広告の倫理、信頼性向上への取り組み」講師＝植村祐嗣（日本インタラクティブ広告協会）
・第4回（2020年11月5日）「ネット空間におけるオーディエンスとの関係構築、コミュニティー創出」講師＝加藤貞顕（ｎｏｔｅ）
・第5回（2021年1月13日）「表現の自由の理論がデジタル社会で直面する課題」講師＝鈴木秀美座長、「偽情報対策とプラットフォーム規制」講師＝宍戸常寿委員
・第6回（2021年3月2日）「デジタル社会における報道の役割」講師＝山腰修三（慶応義塾大学）
・第7回（2021年8月26日）「公共的役割を果たすためのエコシステム構築――報道産業の課題とテクノロジー」講師＝米重克洋（ＪＸ通信社）、「公共的役割を果たすためのエコシステム構築――ジャーナリズムと『エンゲージメント』」講師＝古田大輔（メディアコラボ）
・第8回（2021年9月8日）「デジタル時代におけるローカルメディアのエコシステム」講師＝福間慎一（西日本新聞社）
・第9回（2021年10月28日）「エンゲージメントとニューメディア」講師＝池田光史（ニューズピックス）
・第10回（2021年11月30日）「ネット空間における新聞情報の正確性」講師＝松井正（読売新聞東京本社）
・第11回（2021年12月14日）「新聞と市民との対話、説明責任」講師＝山之上玲子（朝日新聞社）
・第12回（2022年2月9日）「社会を再構築する役割とは」講師＝日下部聡（毎日新聞東京本社）

上記のとおり、調査の専門家、理論の研究者、現場の実務家などから幅広く問題提起を受けてきた。また、現在の新聞のあり方やビジネス展開に厳しい視点を向ける方を積極的に招き、議論を重ねたところである。

もう一つ開かれた活動として、新聞協会会員社の中堅・若手社員から広く研究会に対する意見を寄せていただいた。全国紙・地方紙、女性・男性とさまざまな方から意見があり、議論の参考とした。各講師の報告内容に刺激を受けたとの感想があったほか、新聞協会の場で各社横

断的にデジタル時代の新聞を議論することへの肯定的な評価を得ることができた。併せて、中堅・若手社員が新聞経営の将来に強い危機感を抱いていることも改めて分かった。

デジタル社会とは

各回の基調報告と議論は月刊誌『新聞研究』に順次掲載し、本報告書にすべて再録した。その概略について、現代のデジタル社会の特徴、その中での新聞の位置と果たすべき役割を切り口として、まとめておきたい。

学習院大・遠藤氏は、マスメディア―ネットメディア―対面メディア（実空間コミュニケーション）が複層的に作動し、相互作用の結果、現実（リアリティー）が立ち現れる社会として現代のメディア社会を捉え「間メディア社会」と表現している。

そうした間メディア社会における世論・社会運動は突然、爆発的な拡大を見せると指摘。20年5月に「＃検察庁法改正案に抗議します」のツイッターデモが大きな盛り上がりを見せたことを例に、こうした現象を「間メディア・ムーブメント（スキャンダル）」と捉える。その上で、間メディア・ムーブメントは必ずしも世界の民主化に資するとは限らず、問題を矮小《わいしょう》化したり、虚偽情報を交えた大衆扇動へと堕したりする危険も大きいと論じている。

現代の生活者はメディア、新聞をどう見ているのか。博報堂ＤＹメディアパートナーズ・新美氏は、博報堂の２０２０年メディア定点調査から得られた知見を紹介した。それによると①新聞の接触時間が減少した一方、信頼性や情報の質の高さという価値は現在も保たれている②デジタルはアナログを侵食しない③ネットの情報は浅いと考える一方、マスメディアの情報だけでは不安との思いを払拭する役割もネットが担っている――という。

中でも新美氏は、生活者が情報をうのみにせず、複数の情報源から総合的に判断することで自分なりの確かな情報を得ていると指摘し「生活者にとっての公共性」の変化に着目している。情報に対する意識が高まっている生活者を「情報収集のプロ」とも表現した。

一方、現代のデジタル社会の進展は、表現の自由と情報流通のあり方を根本から変えつつある。

研究会委員の東大・宍戸氏は、デジタルプラットフォーム（Digital Platform＝ＤＰＦ）が①情報流通の媒介者②データの集積者③アーキテクチャーの設計者――として、グローバルなデジタル社会の中心的存在になったと指摘し、ＤＰＦ上での表現規制に関わる新たな論点として偽情報対策と誹謗《ひぼう》中傷対策を挙げている。

研究会座長の慶大・鈴木氏はドイツの議論を紹介した。ドイツではデジタル化が公共性に新たな構造転換をもたらしたと考えられており、ＳＮＳ上のヘイトスピーチによるモラルの粗暴化、フェイクニュースによる世論操作、公共性の断片化などが問題になっていると概説した。

特に、ドイツのプラットフォーム規制で「ジャーナリズム的に編集された情報」を保護すべきとの議論があると述べたことには、デジタル空間におけるジャーナリズムのあり方を考える重要な議論だとして、研究会委員から高い関心が寄せられた。

技術革新により、ネット広告で虚偽や誇大広告、ステルスマーケティング、違法・不当な広告掲載先の問題、広告費の詐取など「自由の代償」が看過できないレベルになったと指摘したのは、日本インタラクティブ広告協会・植村氏である。デジタル広告市場の制度設計が課題となる中、自由な場を守りながら、いかに悪意を排除するかが重要と指摘。マス媒体とネットが互いに学び合うことで、メディアと広告の公共性のバランスが実現されると訴えている。

デジタル時代のメディアと新聞

玉石混交の情報がネット空間にあふれ、フェイクニュース・偽情報が拡散する現代のデジタル社会において、新聞は情報の正確性と信頼性を重視する媒体として評価されている。新美氏が挙げた調査結果に示されていることに加え、東大・宍戸氏は総務省の世論調査を踏まえ、日本では報道機関への信頼が高く、ネット上の偽情報対策への貢献も期待されていると見る。それゆえに新聞には「取材・報道の自由を守り、時代に合わせたジャーナリズムの深化が求められる」と要望している。

宍戸氏は併せて、情報流通に関する法制度の見直しが取材・報道に及ぼす影響に絶えず敏感であることも必要だと指摘。取材・編集・報道の自律的プロセスを、DPFを含む多様なステークホルダーと適切に連携させるため、デジタル技術の活用や組織改革が必要だと述べている。新聞の信頼性の高さを前提にした上で、新たな市場・制度・技術への対応を期待する趣旨である。

一方、スマートニュースメディア研究所・瀬尾氏は、新聞を含む日本のメディアの信頼性が海外に比べて低いと問題提起している。

米PR会社エデルマンの20年調査によると①日本は海外の平均に比べ、「メディアが誠実で公平だ」と思っている人が少なく、「偏見がある」と考える人が多い②信頼できる情報源としてもジャーナリストを挙げる人は18％に留まり、企業内技術者（43％）、学者・専門家（34％）に大きく差がついた――という。

また、ロイター・ジャーナリズム研究所「デジタルニュース・リポート2019」によると①読者とジャーナリストのそれぞれに「メディアが権力を監視しているか」を聞いたところ、日本ではジャーナリストの91％が肯定した一方、読者側は17％のみ②英国やドイツはジャーナリスト・読者とも40％前後が肯定している――との結果だった。

ここで瀬尾氏が指摘しているのは、情報の正確さに対する信頼性ではなく、報道の内容・論評や権力との関係から見た信頼性の問題である。新聞・ジャーナリズムの立ち位置、視点の置き方への問いと言い換えることもできる。

新聞が中立公正な立場から権力を監視しているか問われているとの指摘がある一方、慶大・山腰氏は、そもそも現代のデジタル社会では、批判的なジャーナリズム自体が成立しづらくなっていると警鐘を鳴らす。

山腰氏は、質の高いニュースを提供することで社会の問題解決や民主主義文化の発展に寄与する「ニュース文化」とその公共性に言及した上で、現代においては「ニュースやジャーナリズムへの社会的理解が揺らぎ、権力監視や批判、ニュースを専門的・組織的に制作する従来のジャーナリズム実践の正当性が危機に陥っている」と指摘している。そうした状況を理解するため、ソーシャルメディアの発達でニュース文化はプロフェッショナルの独占物ではなくなったことから、ニュース文化に多くのアクターが関わるようになった事実を適切に認識することが必要だとしている。

山腰氏が求めるのはデジタル時代におけるジャーナリズム、ニュース文化の再構築である。同様に、デジタル化で既存の新聞経営のビジネスモデルが揺らぐ中、メディアコラボ・古田氏は改めてジャーナリズムの重要性、ジャーナリズムにしか果たせない公共的役割の重要性を指摘。米ニューヨーク・タイムズが新聞紙ではないと自己定義し、デジタルメディア路線を打ち出してジャーナリズムへ集中投資したことに注目している。

では、どのようなジャーナリズムが今後の新聞に求められるのか。学習院大・遠藤氏は6点にまとめている。

(1) ホットメディア(専門家による深く掘り下げた情報を提供するメディア)としての新聞の特性を再確認する
(2)「事実」にもとづいた報道
(3) 感情的ではない対象の分析
(4) 記名記事
(5) 両論併記は「客観」ではない。「デモクラシー」に立脚した意見表明を
(6) サイレント・マジョリティーへの寄り添い

この網羅的かつ多面的な指摘を念頭に置きつつ、以下、デジタル時代の新聞、とりわけ新聞ジャーナリズムの公共性に関わる論点を掘り下げていきたい。

正確性・信頼性・民主主義

研究会の議論では、正確で信頼される情報が持つ重要性に多数の講師が言及した。その担い手としての新聞に対する期待も大きい。遠藤氏の論点では「『事実』にもとづいた報道」がこれに当たる。

情報の正確性については読売東京・松井氏から、同社の取り組みの報告があった。

読売は13年4月、編集局に記者教育実行委員会(記者塾)を新設した。目的は取材の心構えやスキルなど、記者としての背骨を作ることで、ネット情報だけで記事を書くことの危険性、実名を出す意味など、事実を積み重ねることの大切さなどを教える。14年12月には、誤報を出さないチェック体制構築のため適正報道委員会を編集局に新設し、各部の要請で審査している運用が紹介された。

新聞自身が正確で信頼される情報を提供することはもちろん、デジタル空間にあふれる情報の真偽を見極めていくことも、新聞の重要な役割になる。

毎日東京・日下部氏は、新聞には玉石混交の情報の渦から石を見分け、玉を取り出す役割が求められると述べる。毎日は20年9月にファクトチェック報道を本格的に開始。情報の真偽を取材でチェックし「虚偽」から「正確」まで7段階で判定している。一方、読売東京・松井氏は偽情報の問題について、読売が大阪本社の連載「虚実のはざま」などで「偽情報の実態を徹底取材して問題提起する記事を展開した」と説明している。

権力監視に代表される健全な批判性を新聞に求める声が強いのは当然である。その上で、デジタル社会とりわけSNSの進展に伴い、新聞ジャーナリズムの役割も変化しているとの指摘がある。

SNSの世界には、タイムラインに流れてくる自分と似た意見の投稿だけで考えが形成される「フィルターバブル」、価値観の近い人たちの間で特定の意見が増幅される「エコーチェンバー」などの現象が存在する。その中で新聞には、分断された人々をつなぐ役割、社会課題や解決策に関する議論の基盤を提供する役割が期待されている。誹謗中傷やヘイトスピーチが問題となるなか、理性的で民

主的な議論を支える役割が求められる。
一方、デジタルの世界では一人一人の情報ニーズや生活実感、共感を大事にすべきとの見方もある。読者・市民一人一人の思いに応えつつ、人と人、人と社会をつなぐ役割、その両立が求められていると言うことができる。

山本龍彦・慶大教授は、プラットフォーム企業が支配する情報空間がアテンション・エコノミー（人の関心や消費時間が価値として流通する経済圏）で成り立ち、情報の質より注目度が重視されていると警鐘を鳴らしている。読売東京・松井氏は、この議論を引きつつ「新聞がネットメディアに対抗して見出し競争やコタツ記事に流れることは許されない。公共性に期待してくれている読者を裏切ることになる」と訴えている。

東大・宍戸氏は「世論が不安定化する中、専門的な問題を過度に単純化せず適切に伝え、激しい対立のある論点について共通の基礎を作ることが新聞に期待される」と述べている。これは、極論と極論の対立に陥らない「サイレント・マジョリティーへの寄り添い」を重視する学習院大・遠藤氏の考え方と通底する。

西日本・福間氏は「デジタルでは共感を得ることが大事と言われるが、共感の裏側には反感がある」とし、共感に傾注しすぎると社会の分断を助長しかねないため、メディアは集団を囲い込むのでなく、足元の暮らしから人々を「つなぐ」存在であるべきだと述べている。

また、新聞と民主主義に関わる議論では委員から、民主主義を支える存在としての新聞社の内部的な多様性の確保（人材育成、ジェンダー平等）、外部の多様なステークホルダーとの関係性の再構築などを求める指摘があった。この議論は、研究会が特に女性を念頭に新聞社の中堅・若手社員へのアンケートを実施する取り組みにもつながった。

開かれた存在として

朝日・山之上氏は報告の中で「新聞は作り手の常識にとらわれて、読者を置き去りにしていたのではないか」と問題提起している。

新聞は自らの立場や考え方、取材・報道の背景、悩みながら日々の仕事に取り組む記者の思いなどを伝え、市民との対話を重ねるべきであり、開かれたメディアとしての姿勢にこそ新時代の公共性があるとの意見も、多数の講師から示された。こうした声は、誰もが自由に自分の意見を発信できるデジタル社会の進展とともに、以前より一層強くなっている。双方向性、透明性などの言葉で表現し、重要性を強調する講師も多かった。

博報堂DYメディアパートナーズ・新美氏は「メディアからの一方的な情報ではなく、不特定多数の生活者の意見を吸い上げる仕組みと視点を持ち発信することこそ、デジタル時代の公共性ではないか」としている。生活者との双方向性、対話の重要性の指摘である。

スマートニュースメディア研究所・瀬尾氏は、啓発性や情報の選別といったジャーナリズムの特性が読者から「上から目線」「記事の偏向」と受け止められるなどと現状の課題を指摘した上で、メディアが意識すべきはユーザー目線での信頼性であるとし①透明性・多様性はあるか②主張と行動が一致しているか③ユーザーの声を聞いているか――と問うている。

西日本・福間氏は「報道機関や記者をまとめてさげすむ『マスゴミ』という言葉の裏には、記者が何を目指し、何をしているかが見えない現状があるのではないか」と指摘する。見えないことが「不安→不信→嫌悪」に発展する構図があると問い、逆に「見える存在」なら安心・信頼をもたらし、支援してくれる可能性もあると論じている。

朝日・山之上氏は、同社のパブリックエディターの取り組みを紹介。読者の声を基に朝日の報道を点検する試みで、読者の代表として見解を伝えることにこだわり、編集幹部とほぼ週1回ペース、通算220回以上（基調報告の時点）の会合を開いてきたと説明した。

その中で「記者の顔が見えない」「会社の顔が見えない」「新聞社はもっと自己開示すべきだ」との指摘があり、朝日は社内の現状に踏み込む記事を掲載。読者には好意的に受け止められたという。これらの経験を通じて、山之上氏は「報道機関が自分を語らずにいると、何かを隠しているように映る。ときに本音も明かして自らの姿を見せなければ、本当に世の中から信用されなくなる。高いところから偉そうに書いているだけと思われれば、読者の心に響かない」と捉えている。

新聞が読者、市民に開かれた存在であることの重要性を指摘した福間氏、山之上氏はともに「窓」という言葉を使っている。福間氏は個人が自由に発信できる時代でも、新聞は「社会の窓」として期待されていると述べる。山之上氏は「巨大なデジタル空間で考えの違う人同士が容易に分断される時代だからこそ、新聞と社会がつながる窓を広く開けておきたい」と話している。

なぜジャーナリズムが必要か

新聞はもっと自らについて説明する必要があるとの論点と関連し、ジャーナリズムやニュースがなぜ社会に必要か、良いジャーナリズムとは何かを積極的に説明すべきだとの指摘もある。

慶大・山腰氏は良いジャーナリズム、良いニュースを見分ける評価軸・審美眼を社会で共有することが重要だとし、メディア同士が相互評価し、良いものを他社発でも紹介する慣習を特にネット空間で定着させることなどを、具体的な案として挙げている。重要なのは、なぜそれが良いのかを社会に向けて説明することだとする。

さらに、ニュース文化は「コモンズ＝公共財」であるとの観点から「現在ニュース組織間で広がりつつある協働をより幅広く、外部の人々や組織との連携へと拡張させることが必要」だとし、批判・対話・説明・他者の声を聴くこと――の価値を高めることは民主主義文化の深化につながると説く。山腰氏は、新聞がジャーナリズムやニュースの意義を説明し、市民との対話を重ねることを、民主主義自体の再構築につなげるべきだと主張している。

読売東京・松井氏は「情報の正確性を守る新聞社の取り組みを、もっと発信・共有すべき」との指摘に対し「機微に触れる内容は多い」とした上で、真実に迫ろうとする新聞の情報が偽情報に駆逐される事態を招かないため「必要な時かもしれない」と述べている。

毎日東京・日下部氏は「メディアやジャーナリズムが担っている公共的な役割を、未来を担う世代に一から分かってもらうための努力」が求められているのではないかと問う。「情報の受け手としてのリテラシーだけではなく、情報の形成プロセスを体験してもらう」ことで、事実を見極めるのはそう簡単でないことが分かり「メディアへの認識も変わってくるかもしれない」と指摘する。

日下部氏は、月刊誌『婦人之友』21年11月号の企画で松永智子・東京経済大学准教授、大久保真紀・朝日新聞編集委員と鼎談《ていだん》。その際、「doing journalism」という松永氏の言葉に触れて刺激を受けたと話している。米国の高校新聞部員向けガイドブック『A NewsHound's Guide to Student Journalism』（18年）には、取材の基本やジャーナリズムの倫理が凝縮されているという。その上で日下部氏からは「新聞協会として子供や若者にジャーナリズムを実践してもらうようなプログラムや教科書を作る活動ができないものだろうか」との提言があった。

エコシステムとエンゲージメント

デジタル空間でのメディアのエコシステム確立を求める意見は強く、ほぼ全員の講師から言及があった。その具体的な取り組みとして、読者・市民との心理的な結びつき、エンゲージメントを重視し、ネット上のファン・コミュニティーの考え方を取り入れて、新聞を支えてもらう仕組みを作るよう求める声もある。もちろんプラットフォーム事業者の強大化とその影響力に新聞がどう向き合うかは、常に研究会の議論の背景にあった。

ＪＸ通信・米重氏は、報道産業が持続可能性を問われる深刻な状況に直面していると指摘。「組織ジャーナリズム、報道産業を持続可能にする手段はテクノロジーしかない」とし、ビッグデータやテクノロジーの活用で抜本的にコストを下げて、報道産業、組織ジャーナリズムの維持に必要な収益を最大化する必要があると提起した。

メディアコラボ・古田氏は、新聞経営の現状をめぐり「市場占有率が高く、売上の大部分を占めるが将来性は低い紙部門が衰退する前に、将来性はあるが売り上げの低いデジタル部門に投資して成長させ、プロダクト・ポートフォリオ・マネジメントを遂行する必要がある」と見る。その際「成長の鍵となるのがエンゲージメント」だとし、読者との関係性を測り、分析と改善のサイクルをつくれたメディアは、世界中で成長していると指摘。フェイクニュース問題で逆説的に情報の価値が高まった状況を踏まえ、信頼され役に立つ情報を発信することとエンゲージメントがエコシステムの基礎になると論じている。

エンゲージメント、ファン・コミュニティーの考え方を理解する上で、ニューズピックス・池田氏、ｎｏｔｅ・加藤氏から両社の具体的な取り組みと背景の考え方を聞いたことは、研究会の刺激となった。

池田氏は同社で特に注目されるコメント空間について、16年に実名制に踏み切った経緯や運用を説明。エンゲージメントを追う社内のチームは、滞在時間の最大化を追うのでなく、健康診断のように複数の指標を用い、ユーザーの熱量と習慣化という視点で、サービスのヘルシーな状態を計測していると話した。

加藤氏は読者と長期的な関係を築くのがｎｏｔｅの目標だとし、コアに発信者のメッセージがあり、共感した人がファンになり、ユーザーになるというアプローチを掲げていると説明。「メディアはネット上のクリエーターを取り込み、双方向でコミュニティーを形成すべき」と指摘している。

読者との双方向性によって新聞ファンを増やす取り組みとして注目されているのが西日本新聞「あなたの特命取材班」と「ジャーナリズム・オン・デマンド（ＪＯＤ）」の地方紙連携である。西日本・福間氏は、課題や疑問を解決して地域や暮らしが良くなることを目指す過程や結果で、ファンを増やしたいと話す。その上で「読者との関係を結び直し、新聞が地域や暮らしに必要な理由を示さなければならない。ジャーナリズム存続の寄付のような感覚で課金してもらえるか、報道がインフラと認めてもらえるかが、サブスクの成否を左右する」と述べた。

日本の新聞、特に地方紙はこれまでも地域社会の課題解決に資する報道に一貫して取り組んできた。その上で近年は、「あな特」をはじめデジタル時代の技術や社会の変化を踏まえ、新たな課題解決型報道の展開が広がっている。全国紙を含め、国連が掲げるSDGs（持続可能な開発目標）の理念も意識されている。

報告書の構成

本書は、研究会委員8人がそれぞれテーマに基づき論考を執筆している。各論考は委員全員の合意内容（新聞協会としての統一見解）ではなく、各氏が研究会で得た知見や自身の考えを基に自由に執筆したものである。その点はご留意いただきたい。

第1部「新聞の公共性を考える」は、公共性の基盤となる「知る権利」と「民主主義」の現在を再考する。

鈴木座長の論考「日独における新聞の憲法的保護――知る権利に応える新聞の役割」は知る権利論の概略から説き起こし、ドイツで進む議論などからデジタル時代の変化を記す。宍戸委員の論考「マスメディアの持続可能性を守る――民主主義を支える新聞の役割」はインターネット、SNSの影響などを視野に置き、現代の民主主義と新聞のあり方を考察する。

読売東京・早坂学委員の論考「重み増す『正しさ』の価値――デジタル時代にこそ求められる新聞の力」は真偽ない交ぜの情報が行き交う時代に正確で信頼される情報が持つ意味、新聞が果たすべき役割を論じる。朝日・渡辺勉委員の論考『社会的共通資本』としての新聞――社会をつなぎ、社会を支える役割」はデジタル化で変容する社会で新聞が信頼を得るために何が必要か、ジェンダー平等の視点を含めて考える。早坂委員の論考は鈴木座長の論考に、渡辺委員の論考は宍戸委員の論考に、それぞれ現場の立場から応える内容でもある。

第2部「デジタル時代の変化と展望」はデジタル時代の新聞に求められる姿勢、取り組みをより具体的に論述する。

毎日・小坂大委員の論考「ニーズを求め未知の分野に挑戦――エンゲージメントと新たなジャーナリズム」はエンゲージメントの強化、オープンソースを活用した取材・報道などの実践に言及する。信濃毎日・高森和郎委員の論考「ジャーナリズムを読者とともに――自らを開いていくことで作る公共性」は、新聞が自らのあり方を説明し、市民との新しい関係を築くことの重要性を考える。

デジタル化の進展は地域社会を変容させ、地域メディアのあり方に大きな影響を与える。北海道・堀井友二委員の論考「地域の民主主義に不可欠な存在として――地域社会の再構築と課題解決」は、地域メディアの縮減が「ニュース砂漠」をもたらす危険性を指摘しつつ、新聞が地域で担う役割の大きさを強調する。河北・石川正宏委員の論考「コミュニティーの視点から――『命と地域』を守る役割」は東日本大震災を経験した被災地の地元紙の立場から、デジタル時代の新聞とコミュニティーの関係を問う。

新聞の公共性を考える

日独における新聞の憲法的保護

――知る権利に応える新聞の役割

慶応義塾大学　メディア・コミュニケーション研究所教授
鈴木秀美

朝の食卓に新聞が置かれている家庭はいまどれくらいあるだろう。かつてはあたり前だった朝食時の光景は、いつのまにか過去のものとなりつつある。そもそも新聞を読まない人もいるし、たとえ新聞を読んでいる人でもタブレットやスマートフォン（以下「スマホ」と略記）で電子版を読む人が増えている。とくにスマホの普及が、社会における情報流通のあり方に大きな変化をもたらした。私たちはスマホさえあれば、知りたい情報を入手することができるし、ソーシャルメディアで自由に情報を発信することができる。個人のコミュニケーションとマスコミュニケーションという区別はかつてのように明確ではなくなりつつある。そうした中で、ソーシャルメディアによって投稿されるヘイトスピーチによるモラルの粗暴化、いわゆるフェイクニュースによる世論操作、そして「フィルターバブル」による公共圏の断片化など、ネットワーク公共圏における情報の貧困化が問題になっている（注1）。このような状況は、程度の違いはあるとしても、多くの国に共通しており、各国の対策に加えて、グローバルな取り組みも必要になっている。新聞については、市民のメディア利用の変化のため新しいビジネスモデルを構築する必要性に迫られている。

本稿では、これまで新聞が果たしてきた公共的役割を知る権利の観点から再考し、判例がいう国民の知る権利に奉仕する報道機関の役割が、ジャーナリズム的に編集された情報、すなわちニュースの提供であることを確認したうえで、同じ問題に直面しているドイツが、これまで新聞が果たしてきたジャーナリズム機能をデジタル時代においても維持するためにいかなるメディア政策を進めているかを紹介したい。

知る権利とは何か

自由で民主的な体制の国家では、憲法によって表現の自由が保障されている。表現の自由は、近代市民革命の目標の一つであった。そのころ、表現の自由は思想や意見を発表し、伝達する自由を意味していた。19世紀の市民社会では、発表の自由を確保することが課題とされており、表現の送り手の自由さえ保障しておけば、受け手の自由を問題にする必要はなかった。ところが、20世紀になってマスメディアが発達し、新聞や雑誌だけでなく、ラジオやテレビから大量の情報が一方的に流されるようになった。表現の「送り手」であるマスメディアと「受け手」である一般国民との分離という状況が生まれた。また、公権力によって情報が集中管理されるようになり、多くの情報が、とりわけ軍事外交の分野で秘密扱いされるようになった。これら二つの事情に基づき、「表現の自由を実質化するために」（注2）、受け手の立場から表現の自由の意義を再構成しなければならないとの問題意識が生まれ、表現の受け手の自由が「知る権利」と捉えられるようになった。

　米国では、第2次世界大戦を背景にした国家秘密の増大に対して報道関係者が国民の知る権利を盾に情報の公開を迫ったことから知る権利論が展開した（注3）。日本では、１９４８年の第1回新聞週間の標語（日米共用）に「あらゆる自由は知る権利から」とあり、「知る権利」という言葉は「慣用的ながら古くから使われていた」（注4）という。最高裁判例に知る権利という観念が最初に登場したのは、69年の『悪徳の栄え』事件判決（最高裁大法廷判決昭和44年10月15日）である。色川幸太郎裁判官は、反対意見で「知る自由」に言及し、表現の自由と知る自由は「表裏一体、相互補完の関係にある」とした。

　この判決から1か月あまりして、最高裁は、博多駅事件決定（最高裁大法廷決定昭和44年11月26日）において、「報道機関の報道は、民主主義社会において、国民が国政に関与するにつき、重要な判断の資料を提供し、国民の『知る権利』に奉仕するものである。したがって、思想表明の自由とならんで、事実の報道の自由は、表現の自由を規定した憲法21条の保障のもとにある。また、このような報道機関の報道が正しい内容をもつためには、報道の自由とともに、報道のための取材の自由も、憲法21条の精神に照らし、十分尊重に値する」と判示した。この立場は、その後の最高裁判例でも踏襲されている。

　なお、「知る権利」は多義的な概念である。報道が国民の知る権利に奉仕するという場合の知る権利は、「報道機関の報道が憲法的保護を受けることを正当化・補強するための材料として」援用されたのであり、「具体的権利というよりは理念的側面」が発揮されたと考えられている（注5）。

判例に見る記者の位置付け

　最高裁は、報道機関の取材・報道の自由、言い換えれば国民の知る権利に奉仕するという公共的役割を根拠に、記者に一般国民とは異なる特別扱いを認めてきた。例えば、沖縄密約事件（最高裁決定昭和53年5月31日）では、記者が公務員に職務上の秘密について取材することについて、「真に報道の目的からでたものであり、その手段・方法が法秩序全体の精神に照らし相当なものとして社会観念上是認されるものである限り」、取材活動は「正当業務行為」として違法性が阻却されるという解釈が示された。記者が取材源を秘匿するため、法廷で求められた証言を拒むことも民事事件では原則として認められている（最高裁決定平成18年10月3日）。法廷での傍聴にあたりメ

すずき・ひでみ＝1959年生まれ。慶大大学院法学研究科博士課程単位取得退学。博士（法学）。大阪大学名誉教授。『放送の自由〔増補第２版〕』『ガイドブックドイツの憲法判例』（共著）など著書多数。

モを禁止された米国人弁護士と、メモを許可されていた司法記者クラブ所属の記者の間の異なる取り扱いについて、最高裁は、「裁判の報道の重要性に照らせば当然であり、報道の公共性、ひいては報道のための取材の自由に対する配慮に基づき、司法記者クラブ所属の報道機関の記者に対してのみ法廷においてメモを取ることを許可することも、合理性を欠く措置ということはできないというべきである」と判示した（最高裁大法廷判決平成元年3月8日）。

検索結果の提供と知る権利

　ある人の社会的評価を低下させる表現行為は名誉毀損《きそん》であり、損害賠償などの民事責任だけでなく、犯罪として刑事責任を問われる可能性がある。ただし、不特定多数の人々に知らせ、公衆の批判にさらすことが必要な正確な報道であれば、名誉毀損的でも免責される。では、報道の時点では適法だった記事が、インターネット空間にいつまでも存在し続け、それが検索サービスの利用によって誰でも閲覧可能な状態になっているとき、実名報道された本人は何もできないのか、それとも、検索結果の表示から当該記事の削除を検索事業者に請求できるのか。この問題が裁判で争われるようになり、その中で、削除請求者の人格的利益（名誉権やプライバシー権）と対立する検索事業者の権利として、経済的自由に加えて表現の自由を認めることができるか否かがひとつの争点となった。

　２０１７年1月31日の最高裁決定（最高裁決定平成29年1月31日）は、検索事業者による「検索結果の提供は検索事業者自身による表現行為という側面を有する」と認めたものの、「知る権利」という言葉を用いなかった。検索結果の提供については「公衆が、インターネット上に情報を発信したり、インターネット上の膨大な量の情報の中から必要なものを入手したりすることを支援するものであり、現代社会においてインターネット上の情報流通の基盤として大きな役割を果たしている」という評価が示された。

　検索事業者が提供するサービスは、アルゴリズムを用いたプログラムにより検索結果を自動的に表示するものであるが、利用者が知りたいと思う情報の提供を可能にしていることからすれば、検索結果の提供は利用者の知る権利を充足させるために役立っているはずである。ではなぜ、最高裁は、この事件で「知る権利」にまったく言及しなかったのか。これについて、17年決定の検索事業者が外国法人のGoogle Inc.であったことに注目すべきとの指摘もある（注６）。しかし、その理由は、自由で民主的な社会において報道機関による報道が果たしてきた役割と、検索事業者による検索結果の提供が果たしている役割の違いにあるとみるべきであろう。

　これに対し、最高裁は、17年12月の受信料合憲判決（最高裁大法廷判決平成29年12月6日）において、放送に「憲法21条が規定する表現の自由の保障の下で、国民の知る権利を実質的に充足し、健全な民主主義の発達に寄与するものとして、国民に広く普及されるべきもの」という意義を認めた。

　ところで、民主主義がうまく機能するためには、政府の政策、議会や司法をはじめとする社会の諸制度の現状について、社会の成員一人ひとりが十分な情報を得ている必要がある。報道機関はそのために、社会で生じる出来事を「ニュース」として伝えてきた。ニュースの制作の過程は、①出来事の選択、②取材によるニュースの素材の収集、③ニュースの素材の編集と整理、④ニュースの伝達――という段階を経る。こうした作業は、報道機関でその組織に属する記者や編集者が行ってきたが、戦争報道の場合、フリーランスの記者が取材した素材が用いられることも多い。スマホが普及してからは一般市民の提供映像が使用されることも増えている。

ただし「ここで重要なのは、ニュースの制作という一連の過程の中で、出来事が取捨選択され、選ばれた複数の出来事の間でもその重要度が比較され、優先順位がつけられるという点である」（注7）。記者は、社会で生じる出来事について、それをニュースとして報道するか否かを測る基準（ニュースバリュー）を身につけており、ニュース素材の編集と整理を迅速に行い、定期的なニュースの提供というジャーナリズム機能を果たしてきた。

最高裁が、博多駅事件決定以来、報道の意義を国民の知る権利に奉仕するものと位置づけ、報道の自由が表現の自由の保障に含まれるとし、マスメディアや記者に法的な特別扱いを認めてきたのは、定期的なニュースの提供というジャーナリズム機能を憲法的に保護するためだった（注8）。これに対し、検索結果の提供は、情報受領の自由としての知る権利との関係で、インターネット上を流通する大量の情報の中から利用者が知りたいと思う情報を自ら見つけ出すことを支援するという役割を認めることはできる。しかし、最高裁は、検索結果の提供が果たす役割を、報道が果たす役割とはまったく異なるものと捉えた。それゆえ決定の中で知る権利に言及しなかったと考えられる。

最高裁が17年、検索結果の提供については知る権利に言及せず、放送については国民の知る権利の実質的充足という意義を認めたことは、博多駅事件決定が述べた国民の知る権利に奉仕するという報道機関の役割についての最高裁の認識をあらためて示したといえるだろう（注9）。

ドイツのメディア政策

筆者がメディア法の比較研究の手がかりとしているドイツの場合、基本法（現行憲法）5条1項が、意見の自由、情報の自由とともにプレスの自由を保障している。情報の自由は「一般に近づくことのできる情報源から妨げられることなく知る権利」である。ナチスが外国のラジオ放送の視聴を禁止し、違反者を厳罰に処したという歴史的経験への反省がその背景にある。

プレスの自由は、情報の入手からニュースおよび意見の流布に至るプレスの制度的独自性を保障しており、自由に意見が形成されるコミュニケーションの過程におけるプレスの役割達成にとって不可欠の前提条件を保護している。1966年、連邦憲法裁判所のシュピーゲル判決（BVerfGE 20, 162）は、「自由で、公権力によって操作されず、検閲に服しないプレスは、自由主義国家の本質要素の一つである。とりわけ、自由な、定期的に刊行されるプレスは、現代民主制にとって不可欠である」とした。憲法上のプレスの地位は、民主的国家における自由なプレスの機能に対応するとされ、プレスの自由には、防御権にとどまらない客観法的側面があり、憲法は「自由なプレス」という制度を保障しているとの解釈が示され、プレス制度を保護するための実効的な措置の必要性も説かれた。例えば、プレスの集中によって新聞社の数が減少しプレスによって提供される意見多様性が脅かされるおそれがあるなら、立法者は対抗措置を講じて意見多様性を確保することが憲法上要請される。ドイツでも定期的なニュースの提供というジャーナリズム機能が憲法的に保護されており、さらに憲法が意見多様性の確保を立法者に義務づけていると考えられている。

連邦制を採用しているドイツでは、メディア政策は州の権限とされており、プレス、放送、テレメディア（放送にはあたらないインターネットで提供される情報サービス）が州法や州際協定によって規律されている。憲法がメディアにおける意見多様性の確保を要請していると解釈されていることもあり、ネットワーク公共圏における情報の貧困化への対抗策にも積極的である。

国際的に知られているのは、犯罪対策（主にヘイトスピーチ対策）として2017年に制定された「ネットワークにおける法執行を改善するための法律」（通称、SNS対策法）であろう（注10）。この法律は、ソーシャルメディア事業者に、刑法で禁止されている表現の投稿について、利用者の苦情を契機とする削除を義務づけた。

メディア政策は、放送とテレメディアを規律するメディア州際協定（20年11月7日発効＝正式には「ドイツにおけるメディア秩序の現代化のための州際協定」〈注11〉）にみることができる。この州際協定は、「メディア媒介サービス」(Medienintermediäre) という概念（注12）を新設し、検索サービスやソーシャルメディアがジャーナリズム的に編集された情報を他の情報とともに、インターネットで提供するに際しての規律（91条から96条）を設けた（ただし、その利用者がドイツで6か月間の平均で月に100万人未満の場合、商品やサービスの提供を専ら目的としている場合、または単なる私的目的の場合は適用されない）。

ニュースの差別禁止

なかでも注目されているのが、ネットワーク公共圏における意見多様性の確保と偽情報対策として設けられた透明性の確保と差別禁止についての規律である。メディア媒介サービス事業者は、意見多様性の確保のために、アルゴリズムの機能について法定された情報（ただし、企業秘密を害さない程度に限定されている）を公表しなければならず（93条1項）、ジャーナリズム的に編集された情報を差別することが禁止された（94条1項）。もし差別がなされた場合、当該情報を提供する事業者（例えば新聞社）は、監督権限を有する州メディア協会に訴えることができる。これらの規律に対する違反は、秩序違反として過料（最高50万ユーロ）を科される可能性がある。さらに、メディア州際協定は、偽情報対策として、報道評議会のプレスコードのような承認されたジャーナリズムの原則の遵守を新聞・雑誌の電子版だけでなく、インターネットで提供されるジャーナリズム的に編集された情報を定期的に提供する事業者にも義務づけて、その監督の仕組みについても規律した（注13）。

このほか、22年7月5日、ブレーメンを含む4州が、プレスの多様性維持のための対策を連邦政府に求める決議を連邦参議院に提出した（注14）。とりわけ経営が困難になっている地方紙による質の高い報道を維持するための対策（公的助成を含む）が求められている。ただし、ドイツにおいてさえ、プレスにおける意見多様性は原則として市場における競争によって確保されるべきだと考えられているため、地方紙への公的助成については慎重論も根強い。

重要性増すジャーナリズム

デジタル化が進展しても自由で民主的な社会にとって、ジャーナリズム的に編集された正確で信頼性の高い情報は不可欠である。インターネット上を流通する情報は玉石混交であり、いわゆる「フェイクニュース」のような悪意のある虚偽情報の流通が社会問題になるなか、新聞が発信するジャーナリズムはその重要性を増しているとさえいえる。ところが、残念なことにジャーナリズム全般への社会的理解は揺らいでいる。本稿が、新聞が果たしてきた公共的役割を知る権利の観点から再考し、検索結果の提供の役割との違いを確認したのもそのためである。

新聞はこれからも良質なジャーナリズムを発信していく必要があるし、新聞界はその必要性を社会に向けて積極的に説明していくべきである。新聞がグローバルなプラットフォーム事業者と共存していくためには、デジタル空間でジャーナリズムを制度的に位置づけるための取り組みも視野に入れるべきであろう。

（注1）西土彰一郎「『国民の知る権利』のメディア論」『憲法研究』6号（２０２０年）89ページの指摘。Vgl. Fehling/Leymann, Der neue Strukturwandel der Öffentlichkeit: Wie lassen sich die sozialen Medien regulieren?, AfP 2020, 110 ff.; Jürgen Habermas, Ein neuer Strukturwandel der Öffentlichkeit und die deliberatibe Politik, 2022.

（注2）芦部信喜『憲法学Ⅲ　人権各論（1）〔増補版〕』（有斐閣、２０００年）２４４ページ。

（注3）奥平康弘『知る権利』（岩波書店、１９７９年）50ページ以下、松井茂記『日本国憲法〔第3版〕』（有斐閣、２００７年）４７７ページ。

（注4）日本新聞協会研究所編『新・法と新聞』（日本新聞協会、１９９０年）26ページ。

（注5）松井茂記『マス・メディア法入門〔第5版〕』（日本評論社、２０１３年）24ページ。

（注6）成原慧「情報通信技術による接続／分断と民主主義」『憲法問題』32号（２０２１年）49ページ。

（注7）山腰修三編『入門メディア・コミュニケーション』5ページ〔大石裕〕。

（注8）最高裁のこのような認識について、曽我部真裕「情報漏洩社会のメディアと法、プロとアマの差はなくなるか」『Journalism』２０１１年4月号48ページ、水谷瑛嗣郎「『国民の知る権利』の複線」『情報法制研究』6号（２０２１年）57ページ以下も同旨。

（注9）ただし、２０１７年の受信料判決は、なぜ放送に国民の知る権利の実質的充足という意義を認めることができるのかについて詳しい説明をしていない。

（注10）鈴木秀美「ドイツのヘイトスピーチ対策」山腰修三編著『対立と分断の中のメディア政治』（慶應義塾大学出版会、２０２２年）２０９ページ以下参照。

（注11）詳しくは、西土彰一郎「放送概念のプロセス化――ドイツ・メディア州際協定を参考にして」『情報法制研究』11号（２０２２年）40ページ以下参照。

（注12）この概念は、西土・前掲論文によれば「ジャーナリズム的・編集を経た第三者の提供物をも収集、整理及び公衆にアクセス可能な形態において表示するテレメディアであって、こうした提供物を1つの提供物全体へとまとめることをしないもの」と定義されている。Vgl. Florian Framme, Schutz der Meinungsvielfalt im digitalen Raum, MMR 2021, 770 ff.

（注13）Vgl. Frederik Ferreau, Desinformation als Herausforderung für die Medienregulierung, AfP 2021, 204 ff.

（注14）Nachrichten, Länderinitiative zum Erhalt der Pressevielfalt, AfP 2022, 316 f. Vgl. Cornils/Gessinger, Möglichkeiten öffentlicher Förderung von Lokal- und Regionaljournalismus unter Wahrung der Staatsferne, AfP 2021, 285 ff.

新聞の公共性を考える

マスメディアの持続可能性を守る

――民主主義を支える新聞の役割

東京大学　大学院法学政治学研究科教授　宍戸常寿

本稿では民主主義を支える新聞（以下では、日刊の一般紙を念頭に置いている）の役割について、若干の検討を行うこととしたい。

そもそも我が国において、ジャーナリズムの活動一般、とりわけ新聞を事業として営むことに対する直接的・包括的な法規制は存在しない。明治憲法下では出版法や新聞紙法などがあり、新聞は内務省による許可制の下に置かれていた。これに対して日本国憲法は、検閲を明文で禁止するとともに、表現の自由を保障し、これを受けて新聞紙法などは廃止されて現在に至っている。日刊新聞法は、新聞社の株式の譲渡を事業関係者に制限できることを定めてはいるが、これは外部からの資本の圧力を阻むことにより「社会の公器」としての新聞事業の公共性を維持しようとしたものにすぎない。

法制度から考える「新聞の公共性」

このように、新聞を対象とした法規制の不在は、放送と比較すれば一層際立つ。放送法は、基幹放送事業に対して総務省の免許または認定を受けることを求めるとともに、番組編集準則、訂正放送制度、そして番組審議会の設置義務などを定め、さらに民間放送事業者とは別に公共放送を設けている。番組編集の自律が保障されているとはいえ、放送がその責務を果たすために、国家は一定の構造的な介入を必要としているのである。これに対して新聞にはそうした構造的な介入は存在しない。放送法を所管する総務省と恒常的な接触がある放送界とは異なり、新聞に所管官庁が存在しないということは、政府と新聞界の間に一定の距離を生みだす結果ともなった。

事業一般に対する法規制は新聞事業にも及ぶが、それでも、特定商取引法における訪問販売規制のあり方や公正取引法上の特殊指定、消費税の軽減税率の適用などについては、新聞の特殊な役割や慣行に配慮した運用がなされてきた。それ以外にも、新聞に対する事実上の特例は、取材現場での扱いなど、多様に見られるところである。

最高裁判所の判例にも、新聞の役割を承認する説示が見られる。例えばよど号ハイジャック記事抹消事件判決（最高裁大法廷判決昭和58年6月22日民事判例集37巻5号793ページ）は「意見、知識、情報の伝達の媒体である新聞紙、図書等の閲読の自由が憲法上保障されるべき」とする。また、サンケイ新聞事件判決（最高裁判決昭和62年4月24日民事判例集41巻3号490ページ）は「反論権の制度は、民主主義社会において極めて重要な意味をもつ新聞等の表現の自由（中略）に対し重大な影響を及ぼす」としている。

　報道の自由が憲法21条の保障の下にあるとともに取材の自由も憲法上十分尊重に値する、名誉毀損的表現に対して真実性の証明（刑法230条の2）に失敗しても裏付け取材により真実と誤信するに相当の理由があった場合にはなお民事刑事の責任を問わないなどの判例法理も、ジャーナリズムの担い手としての新聞を念頭に置いて形成されてきたといえる。

　要するに、法は「新聞の公共性」を無視するのではなく、その担い手を信頼して構造的な介入を控える一面、その役割の発揮が一般的法規制により妨げられる場合には一定の特例すら認めてきた。近時では、なぜ新聞に対して特別の取り扱いが認められるのかが社会的に問題とされることが増えてきているが、デジタル時代の「新聞の公共性」を論じるということは、その観念とその実践をあらたな環境の下で鍛え直し、そのような社会の疑問に答えるものでなければならない。

ししど・じょうじ＝1974年生まれ。東京大法学部卒業。2013年から現職。専門は憲法・情報法。主な業績として『メディア判例百選（第2版）』（共編著）など。マスコミ倫理懇談会全国協議会「ネット空間における倫理研究会」顧問。

知る権利への奉仕とエコシステム

　新聞の公共性は、新聞界にとっては自明かもしれないが、それが独善に陥らず、社会と遊離しないためには、その内部から考えるだけでは足りず、読者の利益や社会全体の利益とどのような関係に立つのかを反省する必要がある。

　憲法の側から見れば、新聞の公共性の基礎は、知る権利と民主主義に貢献するジャーナリズム機能にある。表現の自由が他の人権と比べて優越的な地位を認められるのは、個人の意見と世論の形成を通じて民主主義を支えること（いわゆる自己統治の価値）による。新聞をはじめとするマスメディアの報道・取材の自由は、ジャーナリズムの倫理が自発的に順守されることを前提に、知る権利に奉仕し、自己統治の価値を実現する活動の自由を法的に保護するものである。

　さらにリベラルデモクラシーは、社会の中に多様な意見や利益が並存し、その衝突や調整を通じてさらに社会が発展するという世界観を前提にしており、政治の領域にある政党の多元性と並んで、メディアの多元性を不可欠の要素としている。ある社会事象について、複数のメディアの取材・報道を通じて、新たな事実が発見され、異なる見方が競争することで、何が「正しい」事実であり見方であるかが動態的に形成され、修正されていくことが、是とされているのである。

　マスメディアすなわち新聞であった時代には、新聞社の多元性とその記事の多様性が、ほぼそのままに知る権利と世論のあり方を規定していた。雑誌、映画、ラジオそしてテレビとメディアの多様性が広がるにつれて、新聞は唯一絶対の存在ではなくなる一方で、読み、考える公衆（public）に向けられたメディアへ、そして日々の紙面を通じて公衆を育てるメディアへと、その機能を特化させていった。さらには、他のマスメディアなどの模範たる機能や、知る権利を擁護する機能を果たしてきたと見ることもできる。

日本では、放送事業者の設立に全国ないし地方の新聞社が大きな役割を果たし、その後も資本や人材、ニュース素材などのさまざまな面で関係がある場合も多い。マスメディア全体に法規制を課すのではなく、放送に対しては基本的な情報の提供を制度的に求める一方で、政府から自由な新聞の批判により法規制が濫《らん》用《よう》されることが妨げられ、全体として知る権利が最適に実現されると考える「部分規制論」からすれば、このような新聞と放送の関係は批判の対象となり得る。他方、メディアの連携の強化や統合は、経営の選択肢としては十分な根拠があり得る。そのような場合であっても、新聞・放送それぞれのメディアが果たすべき社会的な役割や機能を、全体としてよりよく達成するものでなければならないであろう。

この点にも関連するが、マスメディアの事業は経済市場の論理にも従う。そのことにより、国家権力から自由で、社会に根を下ろした経営基盤に基づくマスメディアが、読者・視聴者や広告収入を求めて競争する構造が形成される。かねて問題視されてきたのは、経済的な競争とジャーナリズム上の競争の歯車が生産的な方向でかみ合わないおそれである。テレビについていえば、放送法は、広告収入に頼ることにより生じ得る番組の低俗化や画一化の懸念に、制度的に対応するものである。

これに対して新聞については、戦時中の「一県一紙」政策という経緯や、全国紙と地方紙の棲《す》み分け、そして紙という媒体で日刊で発行することを含めて「新聞とはこういうものだ」という社会的な信頼が機能してきたことで、読者獲得をめぐる熾烈《しれつ》な競争があったとしても、それとは別の平面にジャーナリズム上の競争が位置づけられてきたと見ることができる。デジタル社会以前には、経済ないし社会全体の一部としての新聞の位置づけや新聞のエコシステムと、ジャーナリズムのあり方とがあまり結びつけられてこなかったのは、このような事情があったためであろう。

SNSとマスメディア

インターネットの普及と人口減少、経済成長の停滞は、マスメディアのエコシステムに大きな影響を与えている。情報の送り手と受け手の垣根が下がり、読者・視聴者による能動的な情報の摂取と発信が盛んとなった結果、インターネット上には多種多様で膨大な量の情報があふれ、その中でマスメディアの存在感はかすむ傾向にある。人口減少は読者・視聴者数の減少、経済成長の停滞は広告収入の減少という形でマスメディアの経営基盤を掘り崩しつつある。若い世代の活字離れが進み、新聞を購読しているのが主に高齢者層であることは、新聞事業の持続可能性に不安を感じさせるものである。読者・視聴者の能動化により、ジャーナリズムの論理と、取材・報道の実態が乖離《かいり》する場面が可視化されて、マスメディア叩《たた》きも増えているように思われる。

最近では、デジタルプラットフォーム事業者が提供するSNSに焦点を当てて、その問題点とマスメディアの関係も議論されるようになっている。SNSは単に情報流通を媒介するだけでなく、利用者の個人情報を大量に取得・分析し、アルゴリズムによって利用者に表示される情報の優先順位を決定している。利用者の行動や欲望すらも、事業者のアーキテクチャーによってあらかじめ形成される。SNS上では「フィルターバブル」「エコーチェンバー」といった現象が顕著になっているが、その背後には、膨大な量の情報の中で人々の関心を引きつけて閲覧視聴させ、それにより広告収入を得るという「アテンション・エコノミー」の構造がある、とされている。以下では、このような事態が新聞をはじめとするメディアにとってもつ意味という観点から、少し敷衍《ふえん》しておきたい。

　ニュースポータルも含めたインターネットとマスメディアの関係は多面的であり、SNSもまたその例外ではない。マスメディアにとってのSNSは、記事や番組をいままで届かなかった読者・視聴者層に届ける、それにより収益を得る、メディアの認知ひいては購読などにつなげるための手段ないし場でもある。また、新たな事件が次々と生じる空間であるSNSは、マスメディアによる取材・報道、権力監視の対象でもある。

　これに対してエコシステムの観点からは、潜在的な読者・視聴者の利用時間や機会、さらには広告収入を奪う競争相手として、SNSは意識されている。デジタルプラットフォームが世界的に寡占状態にあり、個々の国内メディアにとって、経営資源などで比べて到底太刀打ちできる相手ではない。さらに先述したとおり、プラットフォーム事業者はただのマスメディアの競争相手ではなく、読者・視聴者の行動を変容させ、それを通じてマスメディアの事業環境をも変容させることにも、留意しなければならない。

　デジタルシフトが進みつつある新聞に即していうと、SNSを通じて閲覧してもらうには、これまでの紙面を念頭に置いた、ある程度分量のある記事には限界がある。そこで、SNSでも「読まれる」記事を速報的に出していき、それを加工して朝刊夕刊の記事を制作し、さらに自社サイトに誘導するという試みも進んでいる。しかし、安易にフィルターバブルをかいくぐろうとして奇抜な見出しや対象を選ぶようになると、所詮はアテンション・エコノミーの手のひらの上で、中長期的に見ればジャーナリズム機能が低下し、いわゆるこたつ記事を量産する有象無象の媒体との差異化が困難になり、新聞紙で培ってきた読者や社会からの信頼をも掘り崩すことにもなりかねない。

デジタル化とジャーナリズム

　SNSやデジタルプラットフォームには負の側面ばかりではなく、従来孤立していた少数者の連帯を生み出す、実効的な政治への参加の機会をもたらすなど、イノベーションの社会基盤の面があることは、正当に認めるべきであろう。しかし現在では、先述のフィルターバブルやエコーチェンバー、そしてそれと相互に関係するジャーナリズム機能を担うマスメディアの地位低下といった現象が相まって、偽情報（disinformation）や誤報（misinformation）がデジタル空間に流れ、世論の断片化や分断が加速し、選挙をはじめとする民主主義のプロセスが悪意のある勢力によって混乱させられるのではないかという危惧も強まっている。

　現に欧州連合（EU）では、英国のブレグジットをめぐる投票や米国大統領選挙の混乱（２０１６年）を踏まえて、デジタルプラットフォーム事業者に偽情報対策を求め、さらにデジタルサービス法（DSA）は、超大規模オンラインプラットフォームに対して、コンテンツモデレーションの透明性の確保や、違法コンテンツの流布や市民の言論・選挙プロセスへの悪影響などに関するシステミック・リスクの評価を実施することを義務づけている。

日本では、筆者が座長を務めている総務省の「プラットフォームサービスに関する研究会」が、偽情報対策のあり方について18年秋から議論を重ねてきた。当初は「フェイクニュース対策」と呼ばれたことから、新聞を含むメディア規制を意図する、あるいは安易にそれに転化するのではないかと心配されもしたが、SNS固有の特性に焦点を当て、また表現の自由の保障に配慮して、プラットフォーム事業者による適切な対応と透明性・アカウンタビリティーの確保に力点を置いた提言を行ってきた。22年8月の第二次とりまとめでは、それまでのモニタリングの結果、プラットフォーム事業者の取り組みの進捗《しんちょく》が限定的であったことを踏まえて、強く透明性・アカウンタビリティー確保を求めたところである。その前提として、総務省が22年に実施した調査では、偽情報対策に取り組むべき主体として「報道機関、放送局、ジャーナリスト」への期待が最も高い（48・2％）ことも特筆すべきであろう。

同研究会の20年の提言を受けて、一般社団法人セーファーインターネット協会（SIA）が設置した「Disinformation対策フォーラム」には、プラットフォーム事業者、有識者に加えて、新聞協会、NHK、民放連にもオブザーバーとして参加いただいた。そこでは新聞界の取り組みとして、新型コロナウイルス感染症の下での不確かな情報に対する取材や検証、デマを打ち消す記事や、誤った情報による差別や偏見に対応する記事の発信も紹介された。同フォーラムの議論を踏まえてSIAが22年9月に設立した「日本ファクトチェックセンター」（JFC）は、ファクトチェックの対象から既存のメディアを原則として除外することとしたが、その基本的な理由は、報道機関はジャーナリズムに基づき誤った記事を自ら訂正する仕組みを備えていることにある。この対象除外についてはJFC運用開始以降、活発な議論がされているが、その中には、そもそもジャーナリズムの倫理に対する無理解によるものや、マスメディアの取材や訂正の仕組みが理解されていないことによるものが相当数含まれているように思われる。

現在の国際情勢の下で、リベラルデモクラシー諸国は、SNSなどのインターネットが健全な空間として機能し、民主主義に貢献するようにしていく点で、ハイレベルの合意を形成しているが、その際にメディアのあり方にも関心が払われていることに注意すべきである。22年G7サミットで採択された「強靱《きょうじん》な民主主義声明」は、「独立し多元的なメディア」の促進を掲げ、「メディアが自由で独立した状況であることを確保する」「政府、社会及びメディアへの信頼を損ない、市民空間を狭め、批判的な声を封じ込めようとする悪意ある外国の干渉及び国境を越えた抑圧行為に対する強靱性を構築する」ことなどをうたっている。

新聞界が担う責務

デジタル化の進展が知る権利と民主主義にとってチャンスと同時にリスクでもあり、このリスクへの対処策としてマスメディアの多元性・持続可能性の確保が重要な課題となることは、日本でこれまで軽視されがちな論点であった。それには、ジャーナリズム活動を直接の対象とする法規制も官庁も存在せず、さらには民主主義と結びつけたメディア政策全般を論じる場が官民いずれにも存在しないということも関係している。そうであればこそ、ジャーナリズムの主要な担い手としての新聞が率先して自らを鍛え直しつつ、社会に対して自らの役割を発信していく責務は、一層重大であるように思われる。

総務省情報通信政策研究所の「令和3年度情報通信メディアの利用時間と情報行動に関する調査報告書」によれば、新聞は「情報源としての重要度」「娯楽としての重要度」の点でインターネットやテレビに劣り、特に若い世代において有意に低い。その反面、「メディアの信頼度」については依然として全年代合計で首位(62・8%)を譲っておらず、若い世代からも高い信頼を新聞が獲得していることは、やはり注目すべき事実である。

いまなお高い信頼を生かし、さらに信頼の基礎を広げていくことは、新聞事業の持続可能性を維持するために不可欠であるが、それはこれまで新聞が果たしてきた知る権利と民主主義への貢献と一体不可分であろう。特に若い世代に民主主義へのシニシズムが拡大していけば、新聞の将来像を描くこともできず、逆に多元的で自由な新聞のあり方こそが、読み、考える公衆と一体であることの理解を得ることは、翻《ひら》って新聞と民主主義の双方の展望を拓くことにもつながると思われる。

新聞の使命の再定義を

むろんデジタル化の潮流の中で、このような理解を得ていくことは容易ではない。だからこそ、ジャーナリズムの鍛え直しと関連するステークホルダーとの協力といった新たな取り組みが求められよう。後者についていえば、NIEに関する教育関係者との連携などに加えて、発信者と媒介者というそれぞれの立場で表現の自由や知る権利にコミットするという共通の性質に依拠しながら、プラットフォーム事業者との節度ある連携も模索されるべきではないだろうか。外側からSNS上の偽情報・誤情報や誹謗《ひぼう》中傷の流通を批判したり、新聞記事利用料の増額を要求したりするだけでなく、断片化や分断を防ぎ、公共の問題について公衆が議論できるよう、デジタル空間の健全化を進めるための協力や連携もあり得るはずである。

デジタル化する社会にふさわしいジャーナリズムの進化については、取材・制作プロセスを可視化して、正確な記事の配信に必要なコストを含めた理解に基づく信頼を得ていくことが、とりわけ若い世代には必要であろう。もちろんそうした信頼に足りる人材育成や取材・制作体制、さらには訂正の仕組みの見直しも不断に求められよう。

こうした内外に向けた取り組みを進める上で、新聞界の連携のための組織体制の強化についても、筆者としてはあえて問題提起しておきたい。各社の報道・取材の自由、そして新聞界の自律を守るため、「新聞倫理綱領」を中心として、緩やかな連携がなされてきたことは、賢明であったと考えられる。しかし今後、グローバルなプラットフォーム事業者と向き合う、あるいは個人情報保護法のような一般的法規制と報道・取材の自由を適切に調整するなどのさまざまな場面で、内部の規律を高めつつ、外部に有効に働きかけるために組織的な連携を強化すべきでないか。もし不要であるとすれば、各社が自らどのように体制を構築し、アドホックに協力するのかなどは、やはり議論するに値する論点ではないか。

新聞倫理綱領が掲げる新聞の使命をデジタル社会の中でどのように再定義し、実現していくかについて、この小論がいささかでも裨益《ひえき》するところがあることを念じつつ、擱筆《かくひつ》したい。

新聞の公共性を考える

重み増す「正しさ」の価値

——デジタル時代にこそ求められる新聞の力

読売新聞東京本社　社会部長　早坂　学

デジタル空間に漂う無数の情報の中で、新聞各社が発信するニュースはどれほどの価値を持っているのか。今夏、この問いに対する一つの解と思われる出来事があった。

参院選を2日後に控えた7月8日昼。奈良県で選挙遊説中だった安倍晋三元首相が凶弾に倒れ、日本中に衝撃が走った。インターネットやSNS上に膨大な情報があふれる中で、新聞各社が発信するニュースにアクセスが集中した。例えば、読売新聞がヤフー・ニュースに配信した記事の1日あたりのページビュー(PV)数は、過去最多の約2・5倍に達した。

それだけではない。新聞各社が運営しているニュースサイトに、それまで訪れたことのなかった人たちがなだれ込んできた。中にはサーバーが一時ダウンした新聞社もあったほどだ。このことは一体、何を意味しているのか。

人々はまず、「何が起きたのか」を確かめようとしたに違いない。さらに、安倍元首相は無事なのか、容疑者は誰で、動機は何なのか。警察の警備に問題はなかったか。海外の反応は。日本の政治はどうなってしまうのか。

多くの重大な「なぜ」を抱えた人々が、その答えを求めたとき、言い換えれば、心から「正しい情報」「信頼できる情報」を欲したときに、新聞社が発信する情報にたどりついたと受け止めてよいのではないか。これと同じ現象は、新型コロナウイルスの感染急増時やロシアがウクライナに侵攻した初期段階でも見られた。

新聞社の流す情報が「正しい」「信頼できる」と思ってもらえた最大の理由は、それが取材によって裏付けられたものであるからにほかならない。

既存メディアの役割と課題

言うまでもなく、事実は一つではなく、重層的かつ多面的で、流動的だ。だからこそ、記者たちは現場を歩き、立場の異なる人々から直接話を聞く。客観的なデータを集めて分析し、専門家の意見にも耳を傾ける。そうした取材を積み重ねることで短期間に情報の精度を高め、真実と確信できるに至った段階で報じてきた。

この作業には多くの人手と豊富な経験が必要で、組織的な取材網と取材の蓄積を持つ新聞社でなければなし得ない。そのことを、いまもネット上の一定の読者が理解してくれているのだろう。

新聞協会や総務省の調査で、依然として新聞がメディアの中で高い信頼を得ていることもそれを裏付けている。

　もっとも、こうした現象は、元首相銃撃事件やウクライナ侵略といった誰もが注目する未曽有の事態に特有な一過性のものと見ることもできる。他の委員が詳述するように、テレビを含めたマスメディアの独占的な情報発信のあり方はネットの登場で崩れ去り、世論に与える影響力は相対的に低下する傾向にある。新聞をはじめとする既存メディアへの不信感が増しているのも事実だろう。

　新聞各社でその原因を探り、どうすれば平素から新聞社への信頼や報道の価値を高められるのかを考え、工夫を凝らす努力を続けていくべきだ。

　ただし、その際、ネット上には常に自戒せねばならない危うい状況があることを強く意識する必要がある。

はやさか・まなぶ＝1969年生まれ。92年入社、社会部司法クラブキャップ、社会部デスク、北海道支社編集部長などを経て、2021年から現職。

アテンション・エコノミーの弊害

　その危うさはネットが持つ本来的な性質に由来する。誰もが発信者になれるネット上には膨大な情報が流れているが、当然、その全てにユーザーが触れることはかなわない。発信者がユーザーの関心を引きつけ、アクセス数を増やして広告料を稼ぐためには、より刺激的な情報を流す必要が生じる。人々の関心を奪い合うために、ときに「正しさ」よりも「刺激」が優先される、このネットの原理とも言うべき性質は「アテンション・エコノミー（関心経済）」と呼ばれている。

　アテンション・エコノミーの概念を日本に広めてきた慶応大学の山本龍彦教授（憲法学）は、その弊害を理解しやすくするために、「インフォメーション・ヘルス（情報的健康）」という概念も打ち出している。身体的な健康を保つためには、バランスの良い食事で必要な栄養をまんべんなく摂取する必要がある。おいしいからと言って、極端に偏った食事や暴飲暴食ばかりをしていては、健康は損なわれてしまう。情報も同じように、バランスよく摂取しなければ、偽情報などに悪影響を受けて、個々人の思考や人格がゆがみかねないという考え方だ。

　本来ならば、自らバランスを意識して情報を取り入れることが望ましい。ところがネット上では、巨大な力を持つプラットフォーム（ＰＦ）が個々人の嗜好《しこう》に沿った情報をアルゴリズムで選別して提供している。そのために、自分が好む情報ばかりに包まれる「フィルターバブル」や、自分と同じ意見を持つ人とばかりつながる「エコーチェンバー」といったいびつな情報摂取が生じており、情報的健康が損なわれる懸念が高まっている。

　私たちが日々発行している新聞という紙媒体は、アテンション・エコノミーとはあえて一定の距離を置いてきた。

　編集各部がその日の取材結果を出し合い、どのニュースを大きく扱うべきかを各社の編集方針に沿って判断している。個々人の興味関心に応えつつ、価値判断の軸に据えているのは、あくまで「公共性」や「公益性」だ。個々の利用者が欲するだろう情報がＰＦ側から一方的に示されるネットのあり方とは根本的に異なっている。紙の新聞には一覧性があり、読者は個人的には関心のない事柄でも目にとどまることで、自律的にバランス良く情報を得ることが期待できる。

山本教授は、紙の新聞が制度面でさまざまな恩恵を受けているのは公共的使命を引き受けているためで、その前提が維持される限り、デジタル空間でも保護や支援の仕組みが必要だと提言する一方、ネット上では新聞社の記事も劣化が見られ始めていると警鐘を鳴らしている。ネット上で存在感を十全に発揮できないことに焦り、いたずらに刺激的な記事を書いて正しさや公共性を置き去りにしてしまうような事態は避けねばならない。

新聞各社がアテンション・エコノミーから意識して距離を置くためには、ネット上においても、紙面制作で続けてきた取り組みを維持することが重要だ。

取材は対面を基本に据える。できるだけ客観的な資料を入手し、二重三重の裏付けを取る。「情報源の秘匿」という鉄則を守りながら、複数の目で取材過程や記事の内容を厳密にチェックする。真実を見極め、正確性を追求する作業をおろそかにしてはならない。読者の興味関心に沿った記事ばかりを「レコメンド（おすすめ）」することは控え、記事の表示順位は公共性や公益性を軸にした各社の編集方針が考慮されるべきだろう。

ネット上の悪意にも注意を払う必要がある。コロナ禍で、感染者や医療従事者らがいわれのない誹謗《ひぼう》中傷にさらされたことは記憶に新しい。被害を受けた人々の苦しみは深く、命にかかわるケースさえある。読売新聞ではかねて、取材対象者らがネット上の悪意にさらされて予期せぬ攻撃を受けぬよう、紙面とは別の掲載基準を設けてきた。例えば、幼い子供の写真掲載を控えたり、性的な犯罪が絡む事件の記事は読者会員向けに限定したりするといった柔軟な対応をとっており、匿名の範囲も紙面より広げている。

ネット上と紙面で同じ記事を流すことを原則としてきた社も従来の姿勢の転換を迫られている。それが顕著に表れたのが「特定少年」への対応だ。

今年4月に改正少年法が施行され、18歳と19歳の特定少年の実名報道が可能になった。新聞協会での議論の結果、新聞各社が個別の事件ごとに検討し、実名か匿名かを判断することとなり、実際、紙面では事件ごとに各社の判断が分かれている。ただ、紙面で実名報道をした社であっても、そのほとんどがネット上では有料会員向けに限定したり、掲載期間を短縮したりといった慎重な対応をとった。ネット上の報道は半永久的に閲覧できる特性も踏まえ、少年の更生可能性を万が一にも妨げることはあってはならないとの判断だろう。今後、こうした配慮を求められる場面は増えてくるはずだ。

ネットやSNS上の情報は玉石混交で、誤った情報や偽情報も少なくない。総務省が今年2月に約2千人を対象に実施した調査では、ネット上の偽情報対策に取り組むべき主体として、約半数の人が「報道機関・ジャーナリスト」を挙げた。ネット上で重大な誤りがあれば、取材に基づいて、誤りをただす役割も新聞社に期待されていると言えよう。

デジタルの活用と発信

ここまでネットの問題点ばかりを挙げてきたが、無論、ネットは百害あって一利なしなどと言うつもりは毛頭ない。ネットやSNSは、今や取材に欠かせないツールになっている。

読売新聞ではロシアがウクライナに侵攻する直前、社会部内にSNS取材専門の取材班をつくった。ウクライナに記者を直接送り込めない状況が想定されたためだ。国際部経験のあるデスクのもとに、英語やロシア語に堪能な記者3人をつけて、主にSNSを使って現地のウクライナ人らに直接取材を試みた。

取材にあたっては、取材対象者が信頼の置ける人物かどうかの見極めが重要になる。取材に明かした内容を客観的な状況と照らし合わせるだけでなく、勤務先や通学先の所在や、提供された写真がネットで流布していないかどうかもチェックするなど、可能な限りの手を尽くして信頼性の担保に努めた。疑義が生じた場合は記事化を見送ることもあった。

ただ、いったん信頼関係が築けると、家族や知人を紹介してもらうことができ、取材先の輪は一気に広がった。攻撃におびえる首都キーウの市民の日常や、避難民の置かれた過酷な状況をつぶさにレポートできたのは、SNSの力があったからにほかならない。今後も遠い異国で起きた出来事でも傍観することなく、現状を知る「武器」として活用したい。

ネットが持つ拡散力の凄《すご》みと魅力を実感させられたこともたびたびある。読売新聞では2020年2月から、「あれから」と題する企画（原則月1回掲載）をスタートさせた。かつて日本中で注目されたニュースの登場人物が、その後、どのような人生を歩んだのかを追うというコンセプトだ。主人公だけでなく、関係した人々の証言も丹念に集めるため、ときには取材に半年近くかけたこともある。

正直なところ、この企画はネットにはそぐわないだろうと感じていた。紙面では1面に冒頭部分を掲載し、その続きを特集面1ページまるごと使って載せるという異例の大型企画だけに、短い文章が氾濫するネットやSNSとの相性は悪いだろうと思ったためだが、その予想は良い意味で完全に裏切られた。

ネット上の記事へのアクセス数は徐々に増え、最近では1千万PVを超えた記事も複数ある。驚いたのは、「荒れる」印象の強かったコメント欄が、真摯《しんし》で好意的な書き込みであふれていたことだ。

取材が尽くされた質の高い記事は、ネット上でも受け入れられることを示す好例だと受け止めている。もちろん、高い評価を受けた記事は、それぞれのテーマ設定がネットに適していたという側面もあるだろう。入念な取材で正確性を担保しながら、ネット上の需要にも応えられる記事や企画を模索していく必要があると感じている。

報道の根幹を維持するために

新聞各社がネット上の報道に力を入れたことで、これまでテレビに遅れをとってきた速報性でも競えるようになってきた。まだ緒についたばかりだが、ネットを通じて入手できる膨大なデータを活用したデータジャーナリズムもさらに活発になるに違いない。

ネットとの共存と調和を図る取り組みを加速させてゆくなかで、記者教育の充実が極めて重要になる。若い世代はネットとの親和性が高く、データジャーナリズムなどへの貢献が期待される一方、ともすればネット上の情報に依存したり、ネットの反響を過度に意識したりする傾向もみられる。真実と向き合える記者を育て、正確な情報を迅速に読者に届けるという報道の根幹を将来にわたって維持することが何より大事だ。

これまで新聞社の情報発信の過程が十分に伝わらず、不信感につながってきた面があることは否めない。情報源の秘匿を守りながら、どのような取材の積み重ねと判断のうえに情報を発信したのかを広く伝えていく方法も探っていきたい。

新聞の公共性を考える

「社会的共通資本」としての新聞

――社会をつなぎ、社会を支える役割

朝日新聞社　編集担当補佐　渡辺　勉

新型コロナウイルス禍で生活様式が変容し、メディアのデジタル化が加速している。

博報堂DYメディアパートナーズのメディア環境研究所が毎年実施しているメディア定点調査（注1）によると、2022年にメディア総接触時間（1日あたり）において「携帯電話／スマホ」（143・6分）が「テレビ」（146・9分）を抜いて首位となった。同調査で「携帯／スマホ」が首位になるのは初めてだ。

「新聞」の接触時間は06年の32・3分から年々減り続け、22年は12・7分に。15～19歳では男性が6・2分、女性が3・8分に過ぎない。

「SNSから得た情報がキッカケでテレビを見ることがある」と回答した人は16年の26・1％から22年には43・7％に急増しており、SNSが日々の情報の入り口になっている。

日本のインターネット元年と言われた1995年から四半世紀。その間のSNSとスマホの急速な普及と相まって、市民を取りまく情報環境は大きく変わった。

世界規模のネット空間には常時、多様で膨大な情報が流れ、しかも瞬時に世界に伝わる。市民は、いつでも、どこでも、自分の好きな情報を受け取ることができるだけではなく、自ら直接発信することも自由にできるようになった。

いくら選び抜かれた情報とはいえ、1日に2回、しかも限られたスペースでしか伝えられない紙媒体の新聞が読まれなくなるのは時代の流れだろう。97年をピークに2019年からは年200万部ずつ減り続ける新聞の総発行部数（注2）が「新聞離れ」を雄弁に物語っている。

社会的共通資本

新聞に起きた変化は部数減だけではない。情報社会における地位が相対化したことに伴って、信頼も崩れ始めている。

新聞通信調査会が毎年実施しているメディアに関する世論調査（注3）によると、各メディアの情報に対する信頼度も年々下がっている。調査は08年から全国の18歳以上の男女を対象に実施してきたが、08年度の72・0点から21年度には67・7点へと下がり続けている。

新聞の信頼感が「低くなった」と答えた人が理由に挙げたのは①特定の勢力に偏った報道をしているから（42・8％）②報道する側のモラルが低下したから

（16・7％）③政府や財界の主張通りに報道するだけだから（11・0％）④臆測による情報も流しているから（4・5％）⑤誤報があったから（3・8％）――という順だった。

　私が就職した1980年代は、引っ越すとまず電気・水道・ガス・電話、そして新聞・NHKの各窓口に電話する時代だった。新聞は、世界的な経済学者だった故宇沢弘文氏が提唱した「社会的共通資本」と言えるような存在だった。

　ここで「社会的共通資本」について説明しておきたい。宇沢氏は「一つの国ないし特定の地域に住むすべての人々が、ゆたかな経済生活を営み、すぐれた文化を展開し、人間的に魅力ある社会を持続的、安定的に維持することを可能にするような社会的装置」（注4）と定義する。具体的には①土地、大気、土壌、水、森林、河川、海洋などの自然環境②道路、上下水道、公共的な交通機関、電力、通信施設などの社会的インフラストラクチャー③教育、医療、金融、司法、行政などの制度資本――を挙げている。その管理・運営については「それぞれの分野における職業的専門家によって、専門的知見にもとづき、職業的規律にしたがって管理、運営されるもの」であり、「管理、運営は決して、政府によって規定された基準ないしはルール、あるいは市場的基準にしたがっておこなわれるものではない」と規定している。

わたなべ・つとむ＝1961年生まれ。85年入社、89年から政治部記者。政治部長、国際報道部長を経て、2014年にゼネラルエディター兼編成局長。15年広報担当補佐、20年から現職。メディアと倫理委員会事務局を兼務。

　社会的共通資本が果たす役割は「そこから生み出されるサービスが市民の基本的権利の充足にさいして、重要な役割を果たすものであって、社会にとってきわめて『大切な』ものである」と説明。「このように『大切な』資産を預かって、その管理を委ねられるとき、それは、たんなる委託行為を超えて、フィデュシアリーな（信託の＝筆者注）性格をもつ」と強調している（注5）。

　宇沢氏の著作の中では、新聞・テレビなどの伝統メディアは社会的共通資本として例示されてはいない。しかし、新聞などの伝統メディアは、これまで民主主義社会を運営していくうえで欠かせない公共的な情報を供給する社会的インフラとして機能してきた。欧米の先進国が偽情報の蔓延《まんえん》で混乱と分断を深めている現状に鑑みれば、正確な情報が持つ価値はより高くなり、正確な情報を社会の隅々まで流通させる公共的なメディアの存在はより重要になってくる。

　社会的共通資本である上水道を新聞の現状におきかえてみるとわかりやすい。

　かつての新聞は上水道のように、毎日の生活に欠かせない上水（公共的な情報）について、その水源（情報源）を確保して、そこから取水（取材）し、浄化（真偽確認・編集・校閲）したうえで水道管（配達網）を通して各家庭まで直接お届けしていた。しかし、今や宅配サービスで自由に好きな飲み水を選べるように、市民はネット経由で自由に情報源に接し、好きな情報を得られるようになった。

「公共性2・0」へ

　情報社会での地位が相対化する中で、新聞が存在意義を示すためには、新聞の公共性をバージョンアップしてより高い倫理観と使命感に裏打ちされた「公共性

2・0」を目指す必要がある。その課題を「社会的共通資本」の概念を援用して考えてみたい。カギとなるのは、①サービスが市民の基本的権利の充足に重要な役割を果たし、社会にとってきわめて「大切な」ものであること②「大切な」資産の管理を市民から信託される関係――という二つの条件だ。

考えるにあたっては、読者と専門家の意見に耳を傾けたい。読者としては、朝日新聞において読者から寄せられたご意見に目を通して「読者の代表」として報道をチェックするパブリックエディター（PE）の意見を、専門家としては、私が運営委員として携わるマスコミ倫理懇談会全国協議会（以下、マス倫懇）の月例会にお招きした講師のご意見を、それぞれ参考にさせていただいた。

▽不可欠な偽情報対策

新聞が重要な役割を果たすべき「市民の基本的権利」といえば、何よりも「知る権利」だ。最高裁も「報道機関の報道は、民主主義社会において、国民が国政に関与するにつき、重要な判断の資料を提供し、国民の『知る権利』に奉仕するもの」（注6）と規定している。さらに新聞閲読については「およそ各人が、自由に、さまざまな意見、知識、情報に接し、これを摂取する機会をもつことは、その者が個人として自己の思想及び人格を形成・発展させ、社会生活の中にこれを反映させていくうえにおいて欠くことのできないもの」（注7）と、その重要性を説いている。

しかし、メディアのデジタル化によって、市民の情報源が新聞からネットに移行し、玉石混交の情報に接するようになった。市民は耳目を引きやすい偽情報に惑わされることが増え、民主主義の根底が揺らぐ事態も起きている。目の当たりにしたのが、世界で最も民主主義が古い国と言われる米国で2021年1月に起きたクーデター紛いの連邦議会議事堂襲撃事件だ。トランプ米大統領（当時）の発言や発信に端を発した膨大な偽情報が一方的に流されて、市民の知る権利が損なわれ、思想及び人格の形成がゆがめられた帰結だ。

米国ほどではないにしろ、日本でも偽情報は広がり、その脅威を新型コロナの感染拡大期に実感した。専門家は、憲法改正の国民投票が実施されれば、国民世論が二分する中で偽情報が拡散すると危惧している。市民が冷静に判断するためには、影響が大きい政治家の発言の真偽を検証するファクトチェックは欠かせない。エッセイストの小島慶子PEは「国民を言いくるめたり、気をそらしたりするような政治家の物言いを許さず、事実に基づいた建設的な議論を促すために、ファクトチェックは必要」として新聞においてファクトチェックコーナーを常設化するよう求めている（注8）。

日本はファクトチェックの取り組みが遅れていると指摘されてきた。そうした中で、10月1日に一般社団法人セーファーインターネット協会が、偽情報・誤情報対策を行うファクトチェック機関「日本ファクトチェックセンター（JFC）」を設立したことは注目される。JFCが呼び水となって各メディアがファクトチェックを競い合うことを期待したい。

▽報道手法の深化

知る権利に奉仕するためには、報道もより高い水準が求められる。

市民には、膨大な情報から必要な情報を取捨選択してくれるメディアは今後も欠かせない。しかし、デジタル化の進展で、市民は政府や企業の発表資料や記者会見などの1次情報にネット経由で接することができるようになったため、発表をそのまま伝えるだけの報道では飽き足りず、お金を払ってまで読もうという気にはならなくなっている。

そこで求められるのが、この世の中で意図的に隠されたり、埋もれたりしている社会悪を粘り強く掘り起こしていく調査報道だ。取材力のある記者が時間と労力をかけて取り組まなければならず、取材にはリスクを伴うことが多く、しかも必ず成果をあげられるという保証もない。しかし、新聞に対する信頼をつなぎとめるためには不可欠だ。

メディア不信の一因として注目されている対立や批判、悲観などの「ネガティブ性」を払拭しようと欧米で実践されているのが建設的ジャーナリズムだ。「民主主義と人々のエンパワーメントに貢献する目的の報道」と定義されており、読者との距離を縮めて「人々の社会への関心を高め、対話を促す」ことを使命にしている（注９）。社会活動家の湯浅誠ＰＥは、読者が（新聞社の）会議や取材に参加して世の中のさまざまな課題の解決策を探る「課題解決型メディア（ソリューションジャーナリズム）」の実践を求めている（注10）。

さらに情報技術を駆使して大量のデータから問題点を分析して問題解決につなげるデータジャーナリズムなど、デジタル時代に対応したさまざまな手法に取り組み、新たな価値を生み出す必要がある。

▽情報公開への取り組み

知る権利に資する重要な情報として公文書がある。市民が主権者として政治的な判断をするにあたって、政策決定の過程を知ることは不可欠だからだ。

日本でも01年に情報公開法が、11年に公文書管理法が施行され、車の両輪がそろった。しかし、政策決定の可視化が進んでいるとはとても言えない。16年には南スーダンに派遣された陸上自衛隊が現地情勢を記録した文書が開示されず、18年には森友学園への国有地売却に関する財務省の公文書が改ざんされていることがわかり、「公文書等が、健全な民主主義の根幹を支える国民共有の知的資源」（公文書管理法第一条）として管理されていない現状が浮き彫りになった。

公文書問題に詳しい瀬畑源・龍谷大学准教授はマス倫懇で「（政策決定過程を可視化するうえで）メディアの果たす役割は、ものすごい大きな意味がある」と語り、公文書管理法や情報公開法などを駆使した取材を推奨している（注11）。

信託される関係

ここで、前述したＰＥについて改めて説明させていただきたい。

朝日新聞は14年、過去の慰安婦報道検証で謝罪をせず、その姿勢を批判した池上彰さんのコラムを載せず、さらに「吉田調書」に関する記事を取り消した。一連の責任をとって、木村伊量社長（当時）が辞任した。第三者委員会による調査結果を受けて、「自ら伝えたい思いにとらわれるあまり、時に、事実に対する謙虚さを失い、社外の意見・批判に虚心に耳を傾ける姿勢をおろそかにしていました」と総括した（注12）。

ネットで広がる読者の批判に耳を傾けず、対応が後手に回り、新聞がよって立つ基盤である読者の信頼を大きく損ね、私はゼネラルエディター兼編成局長を解任された。自らを省みれば、あらゆる面で傲慢であり、判断が鈍く、しかも独善的だった。

メディア変革の潮流の中で、閉鎖的な組織の脆弱《ぜいじゃく》さを露呈し、改革が急務であることをようやく自覚した。その反省に立って15年に創設したのがＰＥだ。

社外識者3人、社員1人の計4人で構成し、記事を書く編集部門から独立した立場で報道内容を点検し、社外から寄せられた声を一元的に集め、編集部門に対して説明と改善を求める役割を果たしている（注13）。編集幹部が毎週、PEと議論を重ねることで編集過程の透明性を高め、読者の疑問を少しでも解消し、情報という「大切な資産」の管理を信託される関係を作る試みと言える。

▽求められる対話

PEがそろって朝日新聞に対して求めているのは、読者や市民との対話だ。

湯浅PEは「これからのメディアは読者とともに考えることを、あらゆる機会を使って追求すべきだと考えています」という。その理由は「読者はもう情報の単なる受け手ではなく、言論空間を一緒につくるコミュニティーメンバーだと思うからです」と説明する（注14）。

福島県を拠点とする地域活動家の小松理虔PEは県内の水産業者や復興にあたる人たちとの意見交換会を提案する。「現場と同じ目線で復興について考える場をつくり、その声を聞こうとする。そこにも信頼は生まれ、明らかになる事実があるはずだ」と指摘する（注15）。

出版業界で編集者を長年務める河野通和PEは「賛成と反対に分断された世論を二極化したままにとどめるのではなく、議論を再構築する」ことによって「熟議と対話の基盤を用意する」ことを新聞に期待している（注16）。

▽透明性と説明責任

対話を続けていくために必要なのは、記者や組織の透明性と説明責任だ。小島PEはニュースオンブズマン協会（ONO）の総会での議論を踏まえて透明性の重要さを訴えている。

「ネットで誰もがフラットにつながる時代には、読者にとって記者は対等な存在。記事にも、そこに1人の人間がいるという手応えを求めています」という。それにもかかわらず「記者たちはあくまでも大事なのは自身を語ることでなく、事実を伝えることと考えがち」なため、すれ違いが生じてメディア不信の要因となっていると指摘する。読者からも「どういう事情で編集が行われているのか、不都合なことも含めて伝えることで親しみやファンを増やす」という声が寄せられていると紹介された（注17）。

ネット時代においてプライバシー意識が高まる中で、なぜ実名で報じ続けるのか問われているのが事件・事故報道だ。情報拡散の速さと広がりが飛躍的になり、一度流れた情報の削除が難しいため、報道被害も甚大になった。事件・事故における実名報道原則の是非はマス倫懇の全国大会でも毎年議論されているが、新たなルール作りには至っていない。

実名報道の中でも特に批判されるのが事件・事故の被害者の実名報道だ。新聞が「事実の重み」や「実名の訴求力」を訴えても、書かれる側との認識ギャップはなかなか埋まっていない。19年の京都アニメーション放火事件の際は犠牲者を実名で報道したメディアに対する批判や疑問の声がかつてなく広がり、社会問題になった。実名報道によって生じる2次被害は深刻であり、メディア不信の大きな要因だ。「公共性2・0」を考える時に避けて通れない喫緊の課題だ（注18）。

逆に匿名報道が問題になる場合もある。7月8日に安倍晋三元首相が銃撃された事件の発生直後、朝日新聞をはじめ新聞各紙がそろって山上徹也容疑者の供述内容を「特定の宗教団体（あるいは団体）に恨みがあり」と報じ、容疑者の母親が所属している団体の具体名を書かなかった。団体名を宗教法人「世界平和統一家庭連合」（旧統一教会）と明記するようになったのは週明けの11日以降だ。

重大事件の犯行動機であり、その影響が大きいだけに、慎重に裏付けを取る作業を進めたのだろう。しかし、山上容疑者が団体の具体名を供述していることを取材で把握していたにもかかわらず、実名報道原則に反してあえて「特定の宗教団体」と書いた理由について新聞各紙が説明しなかったため、市民の理解は得られず、むしろ不信を招いてしまった。

その結果、大手メディアの対応に批判が集まり、朝日新聞に関してはツイッター上で「#さよなら朝日新聞」というハッシュタグが拡散した。林香里・東京大学大学院教授は朝日新聞紙上の「論壇時評」で「ネット時代には、こうした態度こそ、陰謀論や誤情報を呼び込むことになりかねない。デジタル時代に期待される情報のスピードと、新聞社が培ってきた『紙の伝統』とがどんどん乖離《かいり》してしまっていると感じる」と指摘。「重大事件では知り得た情報は確認状況も含めて随時出すことを原則とし、市民を信頼して判断を委ねるなど、発信の仕方を見直さないと乖離は埋まらないだろう」と危惧している（注19）。

▽権力とメディアの距離

実名報道と並んでメディア不信の要因となっているのが、権力との関係だ。

20年5月、新型コロナウイルスの感染拡大を受けた緊急事態宣言が出ていた最中に黒川弘務・元東京高検検事長が朝日新聞社員や産経新聞記者と賭けマージャンをしていたことが週刊文春に報じられた。黒川氏は検事長を辞職し、朝日新聞社員は停職1か月の処分を受けた。しかし、何のために賭けマージャンをしていたのか、最後まで説明がなかった。

さまざまな問題点が指摘された中で、慶応大学法科大学院教授の山本龍彦ＰＥは、読者が疑問視しているのは「権力とメディアの異様な距離の近さであり、特ダネのために両者の『密』が貴ばれてきた報道文化そのものだ」と指摘する。

「報道機関には、実際に公平であること（実質的公平性）と、国民から公平らしく『見えること』（外見的公平性）の両方が求められる」のであり、今回の問題は「報道機関の外見的公平性を危険にさらした」と指摘。「報道機関の公平性が疑われれば（中略）私たちは権力を適切に批判・評価する尺度を失う」と訴え、「これからの時代にふさわしい新たな報道倫理の構築」を強く求めた（注20）。

朝日新聞が定めた「記者行動基準」では、「基本姿勢」の第2項「独立と公正」において「記者は、自らの職務に誇りをもち、特定の個人や勢力のために取材・報道をしてはならず、独立性や中立性に疑問を持たれるような行動をとらない」と明記してあり、外見的公平性を意識するように求めていた。この問題を機に新たに「取材先と一体化することがあってはならず、常に批判精神を忘れてはいけない」と書き加えた。デジタル時代の公共性を考えて、さらなる見直しが求められるだろう。

権力とメディアの距離は、日々の記者会見でも問題視される。質問の趣旨をずらした政治家答弁を「ご飯論法」と命名した上西充子法政大学教授はマス倫懇で「記者会見でしっかりと説明責任を果たさせることが重要です」と指摘し、「答えない場合の更《さら》問いは必須です。更問いを許さない現状が続いていますが、（中略）更問いができる状態にしてほしい」とメディアの奮起を促している（注21）。

「距離」に関しては地味だが重要なテーマがある。日本では情報源を匿名で書くことが多いという問題だ。

情報源の匿名報道が、奇妙な事態を招くことがある。

02年5月31日、「政府首脳」が将来の核保有の可能性に言及したという報道があった。内外で波紋を広げたため、福田康夫官房長官（当時）が「非核三原則を変える考えは毛頭ない」と政府首脳発言を否定した。さらに6月3日の記者会見で「（政府首脳に）真意を確認したが、そういうことは言っていないとはっきり言っていた」と答えたが、その後、「政府首脳」が自分であることを認めた。

当時は官房長官との懇談の内容を引用する際は長官側との取り決めで「政府首脳」としていた。政治記者の間では周知の事実だったが、読者には説明されていなかった。読者は福田官房長官が「一人二役」を演じた猿芝居に付き合わされ、メディア不信を深めてしまった。

打開策として、元共同通信論説副委員長の藤田博司氏が提起したのが、情報源の明示だ。その理由として藤田氏は①情報の価値を判断する手掛かりを読者に与えられる②情報提供者に対して、情報内容に責任を持たせ、情報をより確かなものにできる③情報を伝える記者も報道内容により大きな責任を負うことになる④情報提供者による情報操作を防ぐことができる――ことを挙げている（注22）。

つまり情報源を明示すれば、権力とメディアの間に緊張感が生じ、山本ＰＥが指摘した「異様な距離の近さ」を未然に防ぐことができる。もちろん、情報提供者に対して情報源の秘匿を約束した時はこれを守ることは記者の基本倫理だ。しかし、特に約束もしないで長年の慣習として匿名にしている場合も多く、報道の透明性を高めていくためにも情報源を明示するルール作りを進めるべきだ。

組織の公共性

「メディアの公共性」という場合、「言論報道・放送の公共性」と「メディア企業（組織）としての公共性」がある。後者で問われるのは「企業活動全体が『公共性』を標榜《ひょうぼう》するものとしてふさわしいかどうか」ということだ（注23）。

朝日新聞において公共性を示す企業活動としては、高校野球を代表とするスポーツ大会や美術展、音楽コンクール、囲碁・将棋のタイトル戦などのイベントを通したスポーツ・文化の振興が挙げられる。宣伝効果もあって長年取り組んできたが、経営が厳しくなるに伴って縮小していくことは避けられないだろう。

▽ジェンダー平等

今後、新聞は企業として公共性を標榜するためには何をするべきだろうか。

今や一般企業も、国連が15年に採択した「持続可能な開発目標」（ＳＤＧｓ）を意識して業務見直しに取り組む時代だ。朝日新聞も17年から元ＮＨＫキャスターの国谷裕子さんをナビゲーター役にして「２０３０　ＳＤＧｓで変える」というキャンペーンを続けてきた。

国谷さんは小島ＰＥに対して「日本においては17目標のうち第5項目の『ジェンダー平等を実現しよう』が『一丁目一番地』ではないかと思っている」と語っている（注24）。世界経済フォーラムが毎年発表するジェンダーギャップ（男女格差）ランキングで、日本は１００位以下を低迷している惨状を踏まえた指摘だ。

朝日新聞は20年4月、「ジェンダー平等宣言」を発表し、取材対象者やシンポジウムの登壇者、会社の管理職などに占める女性比率の数値目標を定めて、実践した結果を毎年公表している。紙面でも「ThinkGender　ジェンダーを考える」というマークを付けた企画記事を始めた。

小松ＰＥは「積極的に報じる姿勢は伝わってきます。ただ、このテーマ（ThinkGender）を掲げたあと、朝日の社内は変わりましたか」と問いかける。『さあ、意識を変えましょう』といくら世の中へ呼びかけても、まず朝日新聞が変わらなければ、きれいごとだと見られてしまう」という（注25）。

労働問題でも企業姿勢が問われた。16年12月、朝日新聞は社員に違法な長時間労働をさせたとして中央労働基準監督署から是正勧告を受けた。湯浅ＰＥからは「己を問わずに他を批判するのは簡単ですが、それは新聞に対する信頼感を蝕《むしば》んでいきます。ぜひ真摯《しんし》に向き合っていただきたい」と苦言を呈された（注26）。

言行一致でなければ、読者からは信頼されない。今後、社論と社業の不一致が厳しく問われる時代になるだろう。

▽多様性と多元性

社会の多様化が進んでいるのに、組織の多様性が追いついておらず、意識の多様性が遅れているのも大きな課題だ。

河野ＰＥは「世襲議員が多く、男性偏重の政界ほどではないにせよ、多様性は、それを論じるメディア自身にも求められます」という（注27）。林香里・東京大学大学院教授もマス倫懇で「日本のメディア企業では、女性より男性、若手よりもシニア、中小事業者よりも大手事業者の方がお金も権力も持っている。つまり大手事業所に勤務するシニアの男性が最も有利な職業文化」と指摘し、多元性の欠如を問題視する（注28）。

「圧倒的多数の日本人男性が支配する均質な組織」はどんな問題を引き起こすのか。林教授は「ものごとの決め方も閉鎖的になってしまい、オープンで風通しのよい職業文化を確保」できず、「（社会との）感覚のすれ違いが多く、日本では、メディアの社会的役割はどんどん薄くなっていくように感じます」と言う。さらに「メディア側の市民感覚の欠如は、市民にとってみると、自分に何かあったときにメディアが味方になってくれそうだというイメージが湧きにくくなる原因にもなる」「遠くて、感覚がズレていて、冷たくて、だからあまり信用できない」と語り、多元性の欠如がメディア不信の要因になっていると厳しく指摘する。

ネット空間の公共性

▽ＰＦとの関係

デジタル時代の公共性を考えるうえで欠かせないのが巨大なプラットフォーム（ＰＦ）の存在だ。ネット空間ではグーグルやヤフーのようなＰＦが情報の流れを差配しており、新聞はニュースのプロバイダー（供給者）にすぎなくなった。情報流通に関してはもはやＰＦが社会的共通資本になっている。

その結果、何が起きているのか。山腰修三・慶応義塾大学教授はマス倫懇で『ニュースとは何か』という共通理解が揺らぎ、ニュースとニュースではないものとの境界線が失われ、結果的に『ニュース的なもの』が増殖しています」と指摘し、「ニュース文化の危機」と警鐘を鳴らす（注29）。広告収入の最大化を図るＰＦにとっては読まれるものが「ニュース」であり、良質であっても地味な新聞記事は埋没してしまう。

ネット空間においては「情報の正確性や質を高めることではなく、利用者の感情を刺激して「クリック」させることに重点が置かれがちだ」と山本ＰＥも懸念する。そして「ジャーナリズムがデジタル・マーケティングの論理にのみ込まれ（中略）新聞社が購読者の個人情報を収集・解析し、一人一人の政治傾向や趣味嗜好《しこう》に合う情報のみを配信するようになれば、公共的なメディアとしての機能を失うことにもなる」と警告する（注30）。

新聞が自らの公共性を二の次に考えれば、存在意義を失う。そうなればネット空間には「ニュース的なもの」があふれて市民は確かな判断材料を見失う。そうならないために、デジタル化が先行する欧米では、民主主義を維持していくために不可欠なニュース業界を支えようと政府が新たな法律や制度を検討、実施しており、日本も参考にするべき論点が多い。

日本の新聞はすでに、日刊新聞法をはじめ、特殊指定や再販制度、第三種郵便制度、消費税の軽減税率など法制度の適用を受けている。PFに関する制度設計の議論が始まる中で、曽我部真裕・京都大学大学院教授は「情報空間政策」を検討する場の必要性を訴え、「新聞社など活字メディアもそうした場に参加していく必要がある」と求めている（注31）。「情報空間政策」とは、「公共的な情報が十分に、信頼性の確保された形で供給され、それがあまねく国民に届くことを確保するための政策」だ。本研究会に与えられた役割を越えるテーマだが、新聞の公共性を担保していくうえで欠かせない。

▽自主的な取り組み

時代の転機に立ち、マス倫懇でも自分たちでできることから始めようと19年2月に「ネット空間における倫理研究会」（以下、ネット研）を遅まきながら立ち上げた。伝統メディアだけの自主的取り組みでは、言論空間におけるメディア倫理は維持できないという判断からだ。本研究会の研究員である宍戸常寿・東京大学大学院教授と、西田亮介・東京工業大学准教授を顧問に迎え、ヤフーとLINE、そしてネットメディア3社の賛同を得て、デジタル発信で直面するさまざまな問題について議論してきた。

ネット研は、参加社の共通課題である「信頼性確保の取り組みと苦情処理のあり方」に関する意見交換から始めた。デジタル発信で炎上した場合の対応や記事の訂正・修正の処理方法、フェイクニュースや偽情報への対処の仕方などについて情報を共有してきた（注32）。

ネット空間が「ニュース的なもの」で埋め尽くされないためにカギを握っているのはPFだ。伝統メディアも自らの公共性を見失わないためにもPFと協働してネット空間を健全化するべくネット研を活性化させたい（注33）。

おわりに

この原稿は、ウクライナ侵略戦争が続いている最中に書いている。侵略の経過を見ていると、「戦争の最初の犠牲者は真実である」という至言を思い起こす。ロシア国内でメディアは今回の「特別軍事作戦」について「侵攻」「戦争」などの言葉を使うことを禁じられた。21年に編集長がノーベル平和賞を受賞したロシアの独立系リベラル紙「ノーバヤ・ガゼータ」が活動停止に追い込まれたのは情報統制の象徴だ。米国ですら「大量破壊兵器がある」という虚偽情報に基づいてイラク戦争に踏み切り、日本も追随した。真実の前で目を閉ざせば、どんなに歴史がある民主主義でも劣化してしまう。

日本を取りまく内外の情勢が不透明になっていく中で、市民が判断を誤らないためには、民主主義を支える知る権利がより重要になり、プロ意識に支えられた「専門職としてのジャーナリスト」の役割が重要になる（注34）。デジタル時代においても新聞が知る権利を担い続ける覚悟で「公共性2・0」を目指してメディア倫理をより高め、社会的共通資本として存続する道を目指すしかない。

（注1）メディア環境研究所「MORE MEDIA 2040」https://mekanken.com/cms/wp-content/uploads/2022/07/15c055bc493d3fd997dd1f4f3645ef.pdf

（注2）日本新聞協会「新聞の発行部数と世帯数の推移」https://www.pressnet.or.jp/data/circulation/circulation01.php

（注3）公益財団法人新聞通信調査会「第14回メディアに関する全国世論調査（２０２１年）」１ページ、４ページ。

（注4）宇沢弘文『社会的共通資本』（岩波書店、２０００年）iiページ。

（注5）同書22ページ以下。

（注6）最高裁大法廷決定昭和44年11月26日刑事判例集23巻11号１４９０ページ。

（注7）最高裁大法廷判決昭和58年６月22日民事判例集37巻５号７９３ページ。

（注8）「パブリックエディターから（以下、ＰＥから）」（朝日新聞２０１７年11月21日付朝刊）

（注9）清水麻子／林香里「建設的ジャーナリズムとは何か」（『論座』２０１９年７月27日）

（注10）「ＰＥから」（朝日新聞２０１６年４月19日付朝刊）

（注11）月刊『マスコミ倫理』（２０１８年７月25日　Ｎｏ.７０５　７ページ）

（注12）「ともに考え、ともにつくるメディアへ」（朝日新聞２０１５年１月６日付朝刊）

（注13）山之上玲子「新聞と市民との対話、説明責任」（『新聞研究』Ｎｏ.８４２　70～71ページ）に詳しい。

（注14）「ＰＥから」（朝日新聞２０１８年４月17日付朝刊）

（注15）「ＰＥ　新聞と読者のあいだで」（朝日新聞２０２１年７月20日付朝刊）

（注16）「ＰＥから」（朝日新聞２０１５年９月26日付朝刊）

（注17）「ＰＥから」（朝日新聞２０１８年６月26日付朝刊）

（注18）曽我部真裕「『実名報道』原則の再構築に向けて『論拠』と報道被害への対応を明確に」（月刊『Ｊｏｕｒｎａｌｉｓｍ』２０１６年10月号83－90ページ）に詳しい。

（注19）「論壇時評　元首相銃撃事件　知らぬ事象、拾う報道こそ」（朝日新聞２０２２年７月28日付朝刊）

（注20）「ＰＥから　新聞と読者のあいだで」（朝日新聞２０２０年６月16日付朝刊）

（注21）月刊『マスコミ倫理』（２０２１年11月25日Ｎｏ.７４５　６ページ）

（注22）藤田博司『どうする情報源――報道改革の分水嶺』（リベルタ出版、２０１０年）２１４ページ以下。

（注23）森治郎「新たな時代のメディアの公共性」（早稲田大学メディア文化研究所編『メディアの将来像を探る』一藝社、２０１４年）

（注24）「ＰＥから」（朝日新聞２０１７年６月27日付朝刊）

（注25）「ＰＥから　新聞と読者のあいだで」（朝日新聞２０２１年３月16日付朝刊）

（注26）「ＰＥから」（朝日新聞２０１７年５月30日付朝刊）

（注27）「ＰＥから　新聞と読者のあいだで」（朝日新聞２０２０年２月18日付朝刊）

（注28）月刊『マスコミ倫理』（２０２１年10月25日Ｎｏ.７４４　２－５ページ）

（注29）月刊『マスコミ倫理』（２０２１年１月25日Ｎｏ.７３５　２ページ）

（注30）「ＰＥから　新聞と読者のあいだで」（朝日新聞２０２１年５月18日付朝刊）

（注31）曽我部真裕「『思想の自由市場』論の前提変容／マスメディアの役割再強化を」（月刊『Ｊｏｕｒｎａｌｉｓｍ』２０２２年１月号）

（注32）月刊『マスコミ倫理』（２０２０年６月25日Ｎｏ.７２８　２－７ページ）

（注33）月刊『マスコミ倫理』（２０２２年９月25日Ｎｏ.７５４　１ページ）

（注34）曽我部真裕「情報漏洩社会のメディアと法／プロとアマの差はなくなるか」（月刊『Ｊｏｕｒｎａｌｉｓｍ』２０１１年４月号）

デジタル時代の変化と展望

ニーズを求め未知の分野に挑戦

――エンゲージメントと新たなジャーナリズム

毎日新聞社　デジタル編集本部次長　小坂　大

私が担当しているデジタル報道センターの若手記者から興味深い提案があった。タイトルは「朝日新聞ポッドキャスト・毎日新聞ポッドキャストのコラボレーション放送企画」。10月初旬のことだ。この記者は毎日新聞ポッドキャスト「今夜、ＢｌｕｅＰｏｓｔで」において、主にジェンダーの分野でパーソナリティーを務め、リスナーの間で人気も高まりつつある。提案した菅野蘭記者と、スポーツ分野でパーソナリティーを務める運動部デスクが朝日新聞ポッドキャスト（朝ポキ）に出演する。朝ポキからも「今夜、ＢｌｕｅＰｏｓｔで」に出演してもらうという相互乗り入れの企画だった。

毎日新聞ポッドキャストは２０２２年2月に始まった。現在はジェンダー、スポーツ、国際ニュース、経済をテーマに一線のデスクと記者が出演して週4回配信している。今後、内容の充実を検討している。口火となった番組が北京冬季五輪からの現地リポートだったため、フィギュアスケートの番組に人気があり、後述するようにファンマーケティングとして一定の成果が出るようになってきた。朝ポキは20年5月に開始された。現在は9番組を運営しているという。新聞社の取り組みとしては先行している。企画の趣旨は、こう書かれていた。

「コンテンツの多様化が進む中、互いに手を組むことで『新聞社ならでは』の音声配信番組の魅力を広げていきます」

記者がポッドキャストを配信する意味、新聞社が音声の世界に乗り出す意義や記者として音声配信する楽しさや悩み、双方の番組の魅力を紹介した。

声で伝えることの可能性

きっかけとなったのは朝日新聞が9月22日に開いた「PODCAST MEETING 2022」だという。朝日新聞東京本社でリアル開催された。朝日、毎日に加え、音声コンテンツに取り組む読売、東京、神戸、中国新聞の担当記者がトークセッションに登壇して、声で伝えることの可能性や課題を話し合った。朝日新聞デジタルによると、リスナーら100人が参加する盛況だったという。

現状では毎日新聞ポットキャストでマネタイズは、ほとんどできていないが、可能性は感じている。音声コンテンツは通勤など移動中、家事、あるいはランニングやジムでのトレーニングなど「ながら」で聞くのに適している。

ら聞き」に適している。リスナーも従来の新聞購読者より若い世代となる。そもそも通勤時間の電車では新聞や雑誌を広げているのが当たり前の光景だったが、今やスマートフォンに取って変わられている。単に画面を見るだけでなく、イヤホンをしている人も多い。音声コンテンツは、かつて新聞購読に使っていた時間帯に改めて割って入ることができるかもしれない。

朝日の呼び掛けは同業他社と競争するのでなく、ともに市場を広げていく意図があると受け止めている。未知の分野だが、さまざまなことに可能性を求めていかなければならない。

こさか・だい＝1968年生まれ。91年入社、山形支局、運動部、ニューヨーク支局、運動部長、東京五輪・パラリンピック報道本部長を経て、2021年から現職。

ニーズに応えられていない新聞

新聞は長いこと読者のニーズを意識していたつもりになっていたと痛感している。「読まれるはずなのに」「よい企画なのに」と思って公開した記事がニュースサイトでは見向きもされないことがある。多くの新聞社が実感しているだろう。記事を作成して、あとは販売部門や最前線の販売店に流通を任せていた従来型のモデルが読者のニーズへの感度を鈍らせた。「読者が知りたがっている」と思って報じてきたことが、実は関心やニーズに応えきれず、深刻な新聞離れにつながってきた。それを可視化したのがデジタルの世界だと思う。家庭への普及率が高かった時代は読者の新聞への信頼は当たり前だったかもしれないが、その前提が崩れつつある現在では、デジタル時代にふさわしい手法を活用しながら信頼関係を強めていかなければならない。

そのための可能性のあるツールの一つが音声コンテンツであり、また、新型コロナウィルス禍ですっかり定着した会議システムを活用したオンラインイベントであると位置づけて、毎日新聞社でも取り組んでいる。従来の新聞記事は客観性、中立性などを重んじる書き方のスタイルによって読者との距離が広がってしまった。より分かりやすく書く努力は当然として、記者の思い入れ、記事に盛り込めなかったエピソードなどを伝えることができれば記事もぐっと身近になる。「あの記者の記事を読みたい」「解説を聞きたい」と思ってもらうことが大切だ。

実はあまり難しく考えることはないと思っている。各テレビ局のニュース番組では新聞の論説委員や大先輩記者が出演して解説してきた。それは難しいニュースの理解を深める一助となってきた。もちろん話し手としての訓練は必要だが、ポッドキャストを通じて行えば、さまざまな世代の記者が取り組めるようになる。毎日新聞では手作りでユーチューブに取り組む政治部の意欲的な若手記者もいる。ニュースを解説する音声コンテンツや動画は多い。しかし、取材している記者はSNSなどで流れている情報よりも踏み込んだファクトを持っている。それを公開できる範囲で伝えていければ、個人が発信する情報を超えて新聞の強みを発揮するコンテンツになる。

毎日新聞でのオンラインイベントの例を紹介したい。扱ったテーマはフィギュアスケートの冬季オリンピック2大会で金メダルを獲得した羽生結弦さんだった。ファンの数が極めて多いアスリートがオンラインイベント成功のカギとなったのは間違いないが、取材に関わってきた東京運動部の倉沢仁志記者と北海道報道部の貝塚太一カメラマン、司会を務めた長年のフィギュア担当、東京運動部の芳賀竜也デスクの取り組みも成果を挙げた。倉沢記者と芳賀デスクは先ほど紹介した「今夜、ＢｌｕｅＰｏｓｔで」のレギュラーパーソナリティーを務めてきた。開設した2月から欠かさず2人で、ときに貝塚カメラマンも参加して、音声コンテンツを配信した。上から目線にならないように語り口も研究し、リスナーから質問を受け付けたり、寄せられたコメントを紹介したりと双方向のやり取りを意識してきた。３人はツイッターのフォロワー数も毎日新聞の社内では多い。丁寧かつ親切に情報を発信してきた。

9月20日に配信したオンラインイベントには、毎日新聞デジタルの有料会員から過去最高の申し込みがあった。羽生さんがプロ転向後に初めて練習を公開した際の記事が、かつてない有料会員を獲得したことがイベントの企画につながった。３人が取材時のエピソード、写真撮影や記事執筆の裏側、思い入れなど熱量ある内容を伝えたことで、視聴者の反応は「とても満足」と「満足」を合わせて90％以上だった。イベントの参加動機に「羽生さんのファンだから」がもっとも多いのは当然として、記者やカメラマンの記事や写真への評価、ポッドキャストを聞いていたからというものも多かった。

指標でユーザーとの関係性を測る

ユーザーとのエンゲージメントがデジタル時代の成長のカギを握っていると言われて久しい。記事のページビュー（ＰＶ）、ユニークユーザー（ＵＵ）の数が多いという指標だけでなく、どれだけ読まれたか、どこまでの時間をかけて読んだか、ほかの記事に遷移したかなど、さまざまな指標からユーザーとの関係性を測っていくことだ。羽生さんを巡る記事は個々のＰＶやＵＵはそれほど大きくなくても、毎日アクセスする訪問者数、会員登録数などエンゲージメントの視点での指標は良好だった。新しい記事を公開したり、オンラインイベントを告知したりすると、ファンがＳＮＳで拡散してくれたこともあった。記者やカメラマンがＳＮＳ、ポッドキャストを活用して、読者との信頼関係を築いてきた成果だった。

もちろん羽生さんほどインパクトのあるテーマは多くない。調査報道や独自報道といった我々が長く価値を置いてきた分野でもない。しかし、記者が強みとする分野、読者ニーズがある分野を発見し、デジタル上のあるゆる手法と掛け合わせ、ファンのクラスターを数多く形成していかなければならない。そのことが結果として、各社への読者のブランド認知や愛着を高めることにつながると思う。

読者とのつながりという視点では、本研究会で基調講演にあった西日本新聞社の「あなたの特命取材班（あな特）」は取り組む価値がある方法だ。これまでも投書やタレコミという形で新聞は情報を集めていたが、ここではＬＩＮＥなどを通じて情報を集め、必要に応じて双方向のやり取りをするのが新しい手法だ。

先行事例を参考に当社でも「つながる毎日新聞」を運用している。メールとＬＩＮＥで情報を受け付け、寄せられた情報を担当部署に割り振って記者が取材。スクープ的な情報もあり、記事化した例もある。重視しているのは「あな特」のように身近な課題の解決である。実際に読者の情報を記事化して、行政を動かした例もあった。

しかしやってみると、これは実に手間のかかるものだった。当社ではベテラン記者を窓口役に置いている。一つ一つの情報について、提供者とやり取りしているのを横で聞いたこともあるが、ほとんどが記事化には至らない情報で、難しい内容もあった。そうした情報提供者に対しても「こうした方がいい」「ここに聞いてみたら」と丁寧に説明する相談所のような感じである。ほとんどの読者には納得してもらい、信頼は高まっていると信じたいところだが、導入するならば、人の配置や情報の精査を含めて相当な体制が求められる。

読者の反応もよいオシント

最後にデジタル時代の読者に提供する新たな手法として「オシント（ＯＳＩＮＴ）」を紹介したい。オシントは欧米メディアで広がっている手法で「Open-source intelligence」の略である。すでに取り組みに着手している社もあるが、毎日新聞では今年の正月企画としてタイトル「オシント新時代――荒れる情報の海」でデジタルと紙面上で計6回の連載と関連記事を展開した。結論から先に書くと、読者の反応は上々で、有料会員の獲得や、これまでとは異なった年齢層や新たな読者層への認知度の向上に貢献した。

最近では国家や情報機関が独占してきた衛星画像などの情報も商用化が進み、ネットを通じて地球上のさまざまな地域の画像を入手できるようになった。ＳＮＳでは個人があらゆる画像や動画、情報をアップし、根拠が疑われるものもある。オシントは本来、公開情報を突き合わせて真相に迫る情報分野の専門用語だったが、調査報道の手法としても広がっている。取材班キャップの外信部・八田浩輔記者は、画像分析などを得意とする各国の専門家が集まる独立系調査グループ「ベリングキャット」の研修に参加して学んだ手法を報道に役立てた。

連載ではビジネスから身近な暮らしに至るまでの最前線の動きや課題を報じた。有効な手法ではあるが、個人情報を脅かす恐れがある負の側面も伝えた。もっとも反響があった回は「ロシア政府系メディア、ヤフコメ改ざん転載か　専門家『工作の一環』」。ヤフーニュースの読者コメント欄をロシア語に翻訳・転載する際に元の投稿を改ざんし、米国からの離反をあおるような内容に改変していた実態を取材班がコメント欄を地道に照合して突き止め、専門家や有識者ら関係者にも見解を聞いた。その後に起こったウクライナ侵攻ではロシアが、在日大使館のＳＮＳアカウントなどを通じ、偽情報を交えて侵略正当化の主張を日本語で繰り広げたことも分かっている。民間人被害の把握や偽情報の検証などでもオシントが大きな役割を果たした。

デジタル時代のジャーナリズムの手法としては「ファクトチェック」も定着している。オシントやファクトチェックという新たな手法も読者の信頼を得る、エンゲージメントを高める、という点では有効である。ここまで紹介してきた手法を新たに取り組むにはリソースをかけなければならない。各社もそうだと思うが、リソースが限られている状況では今までと同じように紙面を制作して、デジタルの成果も追うのは難しい。各社の収益で紙面が大きな割合を占めている状況に変わりないが、紙面制作は時代のニーズに合わせて効率化して、新しい時代の取り組みに注力できるようなシフトをさらに強力に進めなければならない。

デジタル時代の変化と展望

ジャーナリズムを読者とともに

――自らを開いていくことで作る公共性

信濃毎日新聞社　東京支社長

高森和郎

「私の新聞に対するイメージは『アナログ世代向けの媒体』、『テレビやネットニュースの劣化版』というものでした。なぜデジタル世代の私たちがわざわざ有料で読みにくい新聞を手にしなければならないのでしょうか。ネットニュースならスマホ（スマートフォン）一つでどこでも情報を手に入れることができるではないですか」

2年前、東京都内のある大学で、ジャーナリズムに関心がある学生を対象に「地方紙の役割」をテーマにゲスト講義をさせていただいた。講義後、寄せられた感想リポートの中に右の一文があった。この学生は同時に、地域密着の地方紙の可能性にも期待を寄せてくれてはいたものの、前段の身もふたもない物言いの方が私の印象には残った。

残念ながら、この学生のような捉え方は若い世代の中で珍しいものではなくなっている。新聞協会の集計によると、日刊新聞の総発行部数は2005年以降17年連続で減少した。この間、SNSなどを通じスマホ上で「無料の」ニュースを消費する行動が大きく広がってきたことは言うまでもない。

新聞離れのスパイラル

私が懸念するのは、いま足元で起きている「新聞離れ」が、これまで新聞がとりわけ大切にしてきた報道・ジャーナリズムを支える理念や倫理、例えば「知る権利」への奉仕や「報道の自由」、あるいは「編集権の独立」や「取材源の秘匿」といった種々の考え方への無関心や無理解を生み、それがメディアへの不信を増幅するという負のスパイラルが深まっていくことだ。

本研究会で慶応大学の山腰修三教授が指摘したように、ニュースやジャーナリズムへの社会的理解が揺らぎ、その帰結として「ニュースを専門的・組織的に制作する従来のジャーナリズム実践の正当性が危機に陥っている」とすれば、問題は深刻だ。

そして、ジャーナリズムを支えてきたはずの新聞にもその責任の一端があることは否めない。日常的に読者や市民一人一人との距離を縮め、ジャーナリズムに対する共感を高めていく営みは、十分といえなかったのではないだろうか。

例えば、一本の記事を書き、紙面やニュースサイトで伝えるに当たり、新聞の編集現場では必ず複数の人間が関わり、事実関係や表現の妥当性などをチェックしている。記事中の表現、実名で報じるかどうかなども、限られた時間ではあるが、議論を重ねながら判断している。報道の根幹である信頼性を担保するために多大なコストをかけていることは新聞に携わる人間にとっては自明だが、新聞はこれまで、そうしたプロセスを読者と積極的に共有しようとはしてこなかった。

読者や社会との距離感

事実、私が記者として入社した当時も、先輩からは「記事が出たらそれが全て。取材の舞台裏を明かすようなことはみっともない」と教えられた。記者には情報源を守る責務があることや、取材経緯をつまびらかにすると、場合によっては競争関係にある他社にヒントを与えることになり、優位さを失いかねないといった考えなどがあっただろう。だがそれが「説明しなくてよい」と同義となり、新聞やジャーナリズムと社会との距離を広げてきたのではないか。

たかもり・かずろう＝1965年生まれ。89年入社、諏訪支社長、編集局報道部長、同局次長・デジタル統括を経て、2022年３月から現職。

こうした反省に立ち、紙面やデジタルの場で新聞が自らを「開いていく」試みも、徐々にではあるが始まっている。

信濃毎日新聞は22年４月、社会面で月１回の新たな連載を始めた。タイトルは「一歩一歩　記者はこう考えている」。文字通り、一人の記者が自身の書いた記事を取り上げ、なぜその取材をしようと考えたのか、どんな取材をし、その時々に何を考えていたのか、その経緯をつまびらかにしていく趣旨だ。これまで新聞週間などの特集の際に記者が取材の裏話を語ることはあったが、個々の記者の取材プロセス自体が連載記事になるのは当紙としては初めてだ。

初回は報道部の26歳の男性記者が、「貧困問題　私が取材を続けるわけ」と題し執筆した。書き出しはこうだった。

「『なぜ書く（記事にする）のか』と聞かれ、自信を持って答えられなかった」

格差や貧困に関心を持ってきたという記者は21年末、ＪＲ長野駅前で路上生活を送る男性に声を掛けた。男性の身の上や路上生活に至ったいきさつを取材し、記事にしたいと考えたからだ。だが、男性に「自分は困ってないよ。それでも記事にすると言うなら、ありのままを書けばいい」と言われると、自らの「下心を見透かされた気がした」という。

新型コロナ禍で困窮する人の生活相談会を取材した際には、来場者から「（記者は）世の中が厳しい時や人が苦しい時

一歩一歩　記者はこう考えている ①

貧困問題　私が取材を続けるわけ

「自己責任論」違和感　胸に

篠原　光記者

アパートで暮らし始めた男性。カセットこんろで湯を沸かし、急須でお茶を入れて飲んだ＝2月8日、長野市

信濃毎日新聞の連載「一歩一歩　記者はこう考えている」の初回（2022年４月24日付朝刊社会面）

こそ、仕事があっていいよな」と言われ、思うように言葉が出てこなかった。当事者ではなく、目の前の生活にも困っていない自分がどこまで人の人生に踏み込んでよいのか。若い記者は悩みや感情の揺れを率直に吐露しつつ、それでもなお自らの記事を通じ「自己責任」がまかり通る社会への違和感を言葉にし続けたい、と締めくくっている。

29歳の女性記者は、各地のお年寄りを訪ね、人生の歩みや表情を伝える連載を続けている。これまでおよそ100人に取材し、その平均年齢は90歳近い。定年退職後に夢中になったハーモニカ、亡くなった夫との恋、「お百姓」の人生などがつづられる。

さいたま市出身の記者は入社当初、人口400人の長野県南部の村を担当。小村で出会った多くの人たちに優しく接してもらったことが記者の原点になった。「普通の暮らしが積み重なってお年寄りたちの今がある」。一人一人のお年寄りの素顔を伝える記事は、いわゆる「ニュース性」とは無縁でも、地方紙の役割として大切な、地域と時代の記録となっていることが伝わる。

「一歩一歩」の各回には、それぞれの記者の顔写真やプロフィルも載せた。担当した報道部の辻元邦宏デスクによると、タイトルには「歩みは遅くとも、物事の本質に近づこうとしている記者の姿勢を伝えたい」との願いを込めたという。

連載を始めるに当たり、現場の記者からは「取材の手法やプロセスに触れることで問題が起きないか」「顔写真を載せると今後の取材がやりにくくならないか」といった懸念も聞かれたという。だが幸い、これまでのところ読者からは好意的な反響が多い。「記者の存在は貴重」「記者の問題意識を知ることができた」といった感想がそれぞれの書き手のもとに届いている。

読者とのキャッチボールを意識

辻元デスクは、LINEを通じ読者から身近な疑問や情報を寄せてもらい、記者が取材する当紙の企画「声のチカラ」の担当デスクだった。西日本新聞にノウハウを学んで19年に始め、現在も続いている。これまでに掲載した記事は200本以上になった。こうした経験を通じ、「読者と新聞とのキャッチボール」をより意識するようになったと振り返る。

「若い世代にとって、新聞から得る情報も、スマホから得るネット情報も同じレベルに捉えられている。『あの記者が書いた記事ならばぜひ読みたい』という価値を作り出さなければ、読者の信頼を維持していくのは難しい」と辻元デスク。そのためにも、さまざまな手法で新聞や記者が読者との距離を縮めていくべきではないか、と考えている。私も同感だ。

記者をより「顔の見える」存在にしていこうとする動きは、多くの新聞社に広がっている。

中国新聞が若い世代へのアプローチを狙い、昨年秋にスタートさせたのは、20～30代の記者がニュースや話題をやわらかく伝える「中国新聞U35」だ。自社のニュースサイトだけでなく投稿サイト「note」やインスタグラム、ツイッターを活用し、ジェンダーに関わる記事や記者の育休体験記など「35歳以下の世代に必要とされるニュース」を意識しながら発信している。

地方紙の中でもデジタル展開に積極的な西日本新聞は、自社のニュースサイト「西日本新聞me」に「記者一覧」のコーナーを設け、約340人いる全記者名を掲載した。同意した記者は顔写真または似顔絵、プロフィルも載せている。記者名をクリックすると、その記者が書いた記事の一覧に飛ぶ。

現場の記者の中には「こんな記事をこれまで書いてきました」と取材相手に自分の記事一覧を紹介したり、自身のツイッターのプロフィル欄に記事一覧のURLを掲載したりと、進んで活用する動きも出てきた。西日本新聞の担当者は、記者一覧を設けた狙いについて「記事や媒体への信頼を高め、読者に少しでも親近感を覚えてもらうため」と話す。

新聞社の力を提供する取り組み

さらに一歩進んだ試みもある。中国新聞は22年1月、広島市議会の議員の発言を分析した特集サイト「市議会って何の話をしているの?」を公開した。市議会の一般質問で、各議員がどんなテーマに関心を持ち、何回発言しているのか。議員別に調べられるだけでなく、「保育」「介護」「学校」など、キーワードでの横断検索もできる。議場に足を運んだり、議事録を一からひもといたりせずとも議員の実像が浮き彫りになる仕組みだ。

担当した報道センター(現在の所属はメディア開発局)の明知隼二記者は、この市議会サイトの前にも、広島県内の公立高校の校則をデータベース化し、「脱色」や「ソックス」といったキーワードで横断検索できるサイト「みんなの校則データベース」を構築した。

両サイトで明知記者が意識したのは、「情報のフラットさ」と「双方向性」だという。共に、使う人が自分の関心に沿ったキーワードを入れ、検索することで情報の価値が生じる。一方で、その大前提となるのは「議員は市民の負託に応えているのか」「学校の校則に、時代に合わないものはないのか」といった記者の問題意識であることは言うまでもない。

新聞社の取材力や技術力を、地域の市民が利用可能な形で提供していく。これもデジタル時代に開かれた新聞への、地方紙ならではの視点を含むアプローチといえるだろう。

もう一つ、外部の視点と交わることで新聞社の「常識」が問い直されたケースを自社の経験から挙げたい。

21年春にあった参院長野選挙区補選と、同年秋にあった衆院選に際し、信濃毎日新聞は報道向けのデータ収集や処理を担うJX通信社(東京)と連携し、計7回の連続情勢調査(電話調査)を行った。調査に基づく分析は紙面と特設サイトで随時、報道した。

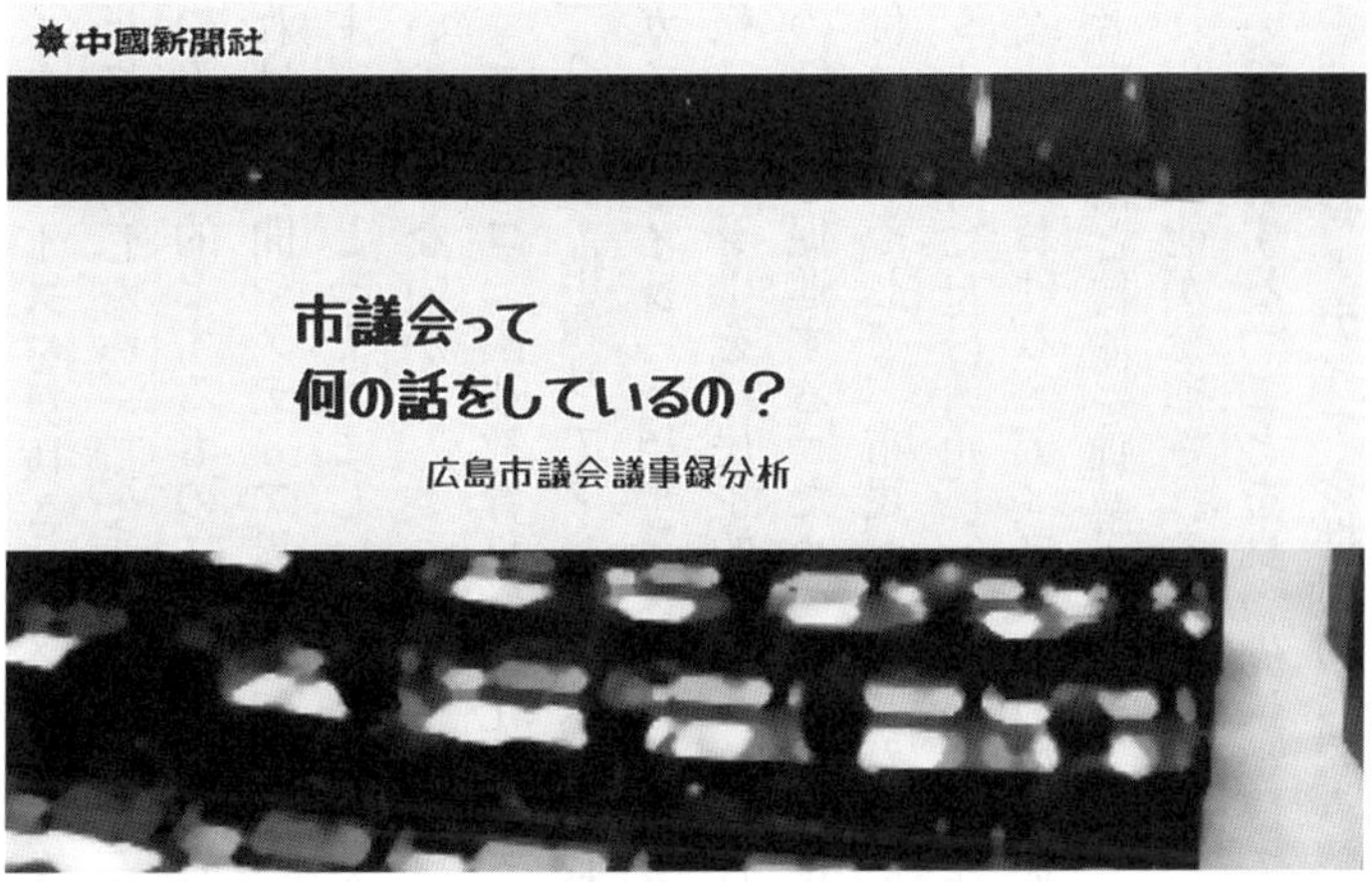

中国新聞が制作したサイト「市議会って何の話をしているの?」

国政選挙などで各新聞社が行う情勢調査のうち、どの候補者に投票する意向かを尋ねる設問の生データは「秘中の秘」とされ、選挙期間中はもちろん、選挙後も公表しないのが通例だ。これに対し、

JX通信社のエンジニアやデザイナーからは「なぜ数字そのものを出さないのか」と疑問をぶつけられた。「生のデータを示した方が、選挙報道に対する読者の信頼感が得られる」との理由だ。私自身も長年選挙報道に携わりながら、考えてもみなかった視点だった。

公職選挙法が選挙に関し「人気投票の公表」を禁じている点や、数値そのものを示すことによる投票行動への影響を説明しつつも、得られたデータをできる限りリアルタイムに社会と共有すべきというJXの問題提起も理解できた。議論を重ねた末、ニュースサイトでは年代や支持政党別など部分的な情勢データに限定し、グラフで優劣を示す手法を試みた。

このやり方が読者にどう受け止められたのか、評価は定まっていない。ただ、情報の流れが大きく変化する中で、新聞社が報道のために得たデータをどこまで、どんな形で社会と共有していくのか、その点も問い直されていると感じる。

ジャーナリズム教育の乏しさ

これまで新聞社側の試行錯誤を取り上げてきた。だが、いくら新聞社や個々の記者が社会に対し、より「開かれた」関係づくりを志向しても、社会の側から新聞社やジャーナリズムを支える理念について、民主主義との関係で捉えなおしてもらえなければ、一方通行にすぎないだろう。そのためにも、教育現場とメディア界がどのような関係を結ぶかが、一層重要な課題になっている。

新聞社はこれまで、NIE運動を通じ、教育現場で新聞を活用してもらう活動に力を入れてきた。ここ数年は、文部科学省が推進する「GIGAスクール構想」をにらみ、デジタル化した記事や電子版の新聞、データベースなどを学習に役立ててもらう工夫も各社で盛んになっている。

他方で、ジャーナリズムが本質的に持つはずの民主主義を機能させる役割について、教育現場ではどこまで具体的に取り上げられてきただろうか。

名古屋大学の小川明子教授は、日本の高校教科書の記述を調べた結果、ジャーナリズムに関する記述の乏しさの一方で、マスメディアの過度な商業主義やセンセーショナリズム、プライバシーの侵害といった負の側面がクローズアップされていた点を指摘している（『新聞研究』22年1－2月号）。

その上で、小川教授は「放っておいては明るみに出てこない、権力にとって都合の悪い情報を公にしようと試みるジャーナリズム活動」、つまり権力監視の役割を教育現場が評価し、教えていこうとする動きは、少なくとも教科書上は極めて見えにくかったと分析した。

いわゆる「メディアリテラシー教育」が実質的に、メディア報道の偏りやフェイクニュースを見抜き、「メディアを簡単に信用しない」「だまされない」ことのみを目的とするものになっているとすれば、新聞やメディア界だけでなく、民主主義にとって好ましい現状とはいえないのではないか。

ユネスコ（国連教育科学文化機関）の「メディア情報リテラシー・政策と戦略ガイドライン」（14年）は、メディア情報リテラシーを「民主的で開かれた社会の創造を促進する」ための考え方と位置付ける。そして、市民がこうしたリテラシーを身に付ける狙いとして、「民主主義社会におけるメディアや他の情報提供者の役割と機能を理解する」こと、「これらの機能が発揮されるための条件について理解する」ことを真っ先に挙げている。「なぜメディアを批判的に読み解くことが必要なのか」、その前提となる考え方を社会が共有すべきとの姿勢が、ユネスコのガイドラインから見て取れる。

　こうした要素を教育現場に落とし込んでいくための発想として、メディア史を専門とする東京経済大学の松永智子准教授は「doing journalism」を提案する。

　大学でジャーナリズム論を持つ松永准教授だが、現役の記者を授業に呼んだ際、学生からは「新聞って人間が作っているんですね」といった反応すらあったという。記者が現場に足を運び、さまざまな角度から事実を確認して報道していることを知ると、「記事にそれだけのコストがかかっているのか」と驚く学生も少なくない。それだけ新聞が「知らない存在」となりかけているのだろう。

　そんな中、松永准教授は「ジャーナリズムを論じるのではなく、ジャーナリズムをやってみる（doing）」発想を重視する。毎年100人前後が受ける授業では、新型コロナウイルス蔓延《まんえん》によるリアル講義の減少と学費といった、学生自身が提起する身近なテーマを取り上げ、自由に意見を表明し、時間をかけて応答させる。議論の基盤となる事実を共有するためには、信頼できる情報源が必要だ。一次情報に全て自分で当たるのには限界がある――。そうしたプロセスを経て、学生たちは「取材の専門家としての記者や、その集団としての報道機関の存在を実感するようになる」。

　ジャーナリズムを「やってみる」学びの教材として参考になるのが、米国の高校生向けに書かれたガイドブック『A Newshound's Guide to Student Journalism』（学生ジャーナリズムのための記者ガイド、Katina Paron, Javier Guelfi著）だ。高校の新聞部を舞台に、学生記者が生徒会長選挙の不正を暴くといったコミック形式のエピソードと、テキストによる解説、演習問題などで構成。取材した事実の二重三重の確認や関係者へのインタビューの手法、専門家への取材の重要さなど記者のノウハウがふんだんに盛り込まれている。

　取材技術だけでなく、ニュースのインパクトや新鮮さ、身近さ、心に響く物語性など、新聞の編集者が重視する考え方も説明。言論の自由を保障した合衆国憲法修正第1条にも触れ、人々がさまざまな課題を解決していく上でジャーナリズムの存在が不可欠なことを多面的に解説している。「メディアを疑う」ことだけでない学びの思想が込められているといえるだろう。

報道組織側の情報公開を

　メディアと社会がジャーナリズムの意義や重要性についての共通認識を深めていくために、今後必要なことは何だろうか。名古屋大の小川教授は、先の『新聞研究』への寄稿でこう述べている。

「求められているのは、ジャーナリズム側の情報公開と対話だろう。これまで、マスメディアによる組織ジャーナリズムという形態が当然視され、また、その情報収集・発信、判断のプロセスやビジネスモデルは基本的にブラックボックス化されてきた。例えばメディア研究の視点から見ても、送り手研究が極めて少ないが、その理由は組織側の情報公開が進んでいないことにあり、メディアリテラシーの教材を作る上でもボトルネックになっている」

　ジャーナリズムという言葉が社会に「独善」という響きをもって受け止められないためにも、新聞に携わる者は、こうした指摘を重く受け止めるべきではないだろうか。

デジタル時代の変化と展望

地域の民主主義に不可欠な存在として

――地域社会の再構築と課題解決

北海道新聞社　編集局次長　堀井友二

スマートフォンの全世代への急速な普及は、地域における新聞の発行に大きな影響を与えている。

スマホの利用率は２０２０年時点で92・7％（総務省情報通信政策研究所の調査）に達した。博報堂ＤＹメディアパートナーズが22年5月に発表したメディア定点調査の１日あたりのメディア接触時間（対象は15～69歳）で、「携帯電話・スマホ」（１４７分）が、06年の調査開始以来、初めて「テレビ」（１４４分）を上回った。06年に「携帯電話・スマホ」は11分にすぎず、この十数年で10倍以上に急伸した。新聞の接触時間は13分だった。

地域情報の受発信はＳＮＳが主役

スマホ利用者の多くはＳＮＳを活用し、ニュースを得るためにツイッターやＬＩＮＥ、インスタグラム、フェイスブックなどを利用する。ＳＮＳは趣味や嗜《し》好《こう》、地域ごとにコミュニティーをつくることができる特性もあり、情報交換の場としての利用も定着している。ＳＮＳを通じた地域コミュニティーでやりとりされる情報は、イベント情報、行政からのお知らせ、地域安全情報、スポーツ競技の結果など多岐にわたる。利用者の興味に応じてフォローした多くの発信源から次々と情報が流れてくる。元来、これらの身近で細かな情報は、地域の新聞が独占的に発信していた分野であり、その情報整理と一覧性は他のメディアでは到底、まねすることができないものだった。

インターネットの登場以来、行政や企業、イベント主催団体、飲食店などが自ら情報を発信するようになり、さらにＳＮＳの普及以降、利用者自らが発信源をフォローすることによって、興味のある情報のみが手元に届くようになった。地域の情報を得る手段として主役になりつつある。

地域の新聞にとって、身近な企業や飲食店、スーパーなどの情報は、広告（折り込みを含む）として重要な収入源であり、販売収入とともに２本柱をなしている。こうした広告で提供してきた情報についても、いまや企業や飲食店などが自らＳＮＳで発信するようになった。地域の人たちは、例えばフェイスブックやＬＩＮＥで企業や飲食店と友だちになっておけば、求める情報がスマホに届くようになり、従来型の広告の出稿量は減っていった。インターネットの登場以降、新聞の部数は減少傾向にあったが、特にスマホの普及以降、広告収入の落ち込みが著しい。電通「日本の広告費」によると、21年の新聞の広告費は３８１５億円で、06年の８２７６億円から半減した。この期間はスマホが急速に普及した期間（ｉＰｈｏｎｅの登場は07年）と重なっており、地域紙を含む新聞社の経営に影響を与えることとなった。

相次ぐ地域紙の廃刊・休刊

北海道の最東端。太平洋とオホーツク海双方に面した半島に位置する根室市。人口は約２万４千人。このマチで創刊から74年の歴史を持つ地域紙である根室新聞が21年３月末、休刊した。根室新聞はブランケット判基本４ページで、日曜・祝日を除いて日刊で発行する夕刊紙だった。根室市は北方領土の元島民が多く住み、漁業・水産業を主産業とするマチだ。多くの紙面を行政や議会情報、市内の話題で占めるほか、北方領土問題や水産、地域経済などのニュースには独自性があった。

ほりい・ゆうじ＝1969年生まれ。93年入社、社会部、東京政経部官邸キャップ、報道センター遊軍キャップ、根室支局長、編集センターを経て、2022年７月から現職。紙面・デジタルのコンテンツ統括を担当している。

休刊を告げる新聞では「人手不足がかつてない厳しさに直面し、従業員の労働環境は悪化の一途をたどってきた。人口減少や少子高齢化に労働力不足も重なった」ことを理由に挙げた。関係者によると、経営的には部数減と新聞広告の減少が深刻だったという。

筆者は北海道新聞の根室支局長として18年７月から１年９か月間、根室市ですごした。根室新聞は、北海道新聞ではカバーできない細かなニュースまで報じていた。市役所、市議会、北方領土関連のニュースを日々伝える紙面は、新聞の使命ともいえる行政監視の役割を十分に果たしていた（根室新聞の休刊から１年後の22年３月末、新たなオーナーが同新聞の社屋を引き継ぎ「ネムロニュース」を発刊。根室と周辺１市６町を配布地域としている）。

一方で、地域における情報源としてＳＮＳの存在感は高まっている。イベントや行政情報、交通事故や通行止め、地域安全にかかわる情報などは、行政や個人のＳＮＳを通じた情報発信によって素早く共有される。災害発生時もリアルタイムに新たな情報が更新され、すぐさまＳＮＳを通じて共有されていく。同じ地域に住む人たちの情報交換ツールとしてＳＮＳは相性が良い。地域に身を置く中で、ＳＮＳの存在感が世代を問わず大きくなっていく現状を実感する。

北海道内（当紙による把握分）では、13年９月に日刊富良野が休刊、15年６月に遠軽新聞が休刊、16年７月に南空知新報が休刊、20年１月に千歳民報が休刊、21年11月に羽幌タイムスが廃刊するなど地域紙の廃刊・休刊が相次いでいる。全国的にも同時期に地域紙の廃刊・休刊が相次いだ。地域の人口減少や人材不足、経営的な問題、後継者がいないなど廃刊・休刊の理由は新聞ごとに事情が異なるが、スマホの普及以降、衰退が進んだ印象がある。新聞協会の発行部数調査（加盟社）の推移をみても、２０００年代は00年の５３７０万９千部から09年の５０３５万３千部と徐々に減っていたが、10年代は４９３２万２千部から19年の３７８１万１千部と23％減少した。21年には

302万7千部になった。このデータをみても、スマホの普及以降の影響の大きさが伝わる。

新聞の衰退が招く三つの影響

地域における新聞の衰退による影響は見えにくいものの確実に広がっている。

その一つは行政や議会への監視機能の低下だ。前述の根室新聞のように地域の新聞の多くは行政や議会の情報を中心に報じている。市町村の広報紙も予算や施策などの行政情報を伝える役割を持つが、自らにとって都合の悪い情報が掲載されることは少ない。例えば市町村職員による不祥事、予算の不正執行などだ。多くの市町村議会も広報紙で議員の活動を伝えているが、活動報告が主体で、議会で問題となった施策に関する記述は避けがちだ。政務活動費の使われ方や議員の海外視察の問題など、新聞の報道がなければ伝わらないことも多い。こうしたニュースこそ新聞が担ってきた分野であり、行政の監視機能としての役割を果たしてきた。その新聞の衰退によって、行政や議会のニュースが減ることは、地域の住民にとって首長や議員の選挙に当たり判断材料が減ることを意味する。地域紙の廃刊・休刊によって、議員の活動をほとんど知ることもないままに票を投じるケースが増えることも懸念される。

当紙は道内179市町村を、本社、8支社、1総局、38支局の取材体制でカバーしている。道内では最大の記者数の報道機関で全道面と各地域面で報じる行政、議会のニュースは監視機能を果たしていると自負している。ただし、支局によっては記者3人で7町村を担当している例もある。支局では市町村の行政、議会の取材に多くの時間を割いているものの、地域に密着する地域紙と比べるとその目は粗い。広大な北海道では隣町に行くにも数十キロ運転するケースもあり、すべての議会を現地で傍聴するのは難しい。議会事務局や関係者へ電話で取材する場合もある。当然ながら地域紙のようにカバーすることは難しく、監視機能をどう維持していくかは課題の一つになっている。

新聞の衰退による影響の二つ目は、信頼のおける情報の喪失だ。20年2月に新型コロナウイルスの感染が拡大して以降、全国の地方紙・地域紙のウェブサイトへのアクセスが急増している。特に地域ごとの感染者数や対策、支援策などの情報を得ようとする動きが強かった。当紙電子版も道内における新型コロナの感染状況の悪化に伴って、アクセスが増える傾向がみられた。特に感染初期の頃は、各地域で住民の不安感からSNS上には真偽不確かな情報や感染源への臆測なども相次いだ。悪気がなく、思い込みで書き込んだ情報もあった。誤った情報でも、不安を募らせている時ほど信じ込みやすい状況に陥る。そうした中で、真偽を確かめようと新聞社のサイトを訪れる人が多かったと推測される。

こうした傾向は道内で地震などの災害が発生した際も同様だった。信頼される情報を扱う新聞社が地域からなくなることとは、情報の最終的な真偽の確認ができなくなることを意味している。仮に新聞の発行がない地域でフェイクニュースが拡散した場合、即座に真偽を検証することは難しくなるだろう。新聞はかつても今もファクトチェックの重要な責務を担っている。

影響の三つ目は地域における知識や考え方のベースの喪失だ。新聞には、地域の課題や社会問題、政治・国際情勢などの基礎的な知識や考え方を読者に与え、議論のベースを築く役割もある。さらに賛否両論の意見を紹介し、多角的な思考のヒントとなる情報を提供している。ニュースをパッケージとして届ける紙の新聞の特性上、読者の興味以外のニュースも目に入り、その日その日の重要性を順序立てた構成で知ることができる。

インターネット上のSNSや検索サイトでは、自分の興味や嗜好、考え方に合った情報への接触に偏りがちになる。利用者の検索履歴などからニュースがおすすめされるアプリでは、自らの興味に偏ったニュースばかりが提供される「フィルターバブル」現象が起こる。SNSでは自分の考え方と似た人をフォローすることによって、同じ意見の人ばかりで共鳴しあう「エコーチェンバー」も形成される。スマホを見つめている時間は1日平均で147分（博報堂DYメディアパートナーズ・メディア環境研究所のメディア定点調査）にも上る。SNSのコミュニティーに浸りきると、偏った考え方に陥っていく懸念も高まる。地域ごとに正しい情報に基づく共通の知識や考え方のベースが築かれなければ、正常な議論が成り立たなくなり、世論の分断が起きる危険性が高まる。

ニュース砂漠が深める社会の分断

住民が地域ニュースに触れる機会が極端に減る「ニュース砂漠」は、すでに米国で深刻な状況に陥っている。その現状は当紙の連載「消えゆくローカルニュース」（21年6月）で詳しく報じた。米ノースカロライナ大学によると、過去15年間で全米の4分の1を上回る約2100紙が廃刊、さらにコロナ禍で少なくとも60社が廃業に追い込まれた。08年に約7万人いた新聞記者は19年には3万5千人となり、10年余りで半減した。全米3143郡のうち200郡超に地元紙がなく、約1500郡には1紙しかない。これらの多くも買収に伴う合理化で記者が削減され、地域ニュースがほとんど載らず、配信記事だけの「ゴースト新聞」と化しつつあるという。

こうした地域では行政への監視機能が薄れ、地域の問題が埋もれ、偏った考え方が広まる懸念が高まる。ノースカロライナ大学の専門家は「メディアが信頼を失えば失うほど、デマが社会に広がりやすくなる。地方紙の衰退は、結果的に政治的偏りや党派間の分断を助長してしまう」と指摘した。

16年の米大統領選でもSNSを通じてフェイクニュースが拡散し、世論の動向に影響を与えたとされる。SNSでは同じ趣味や思考を持つ人がつながり、そこで伝えられた情報に共感し、信じたいと思い込んでしまう。こうした情報を得た人は自らのコミュニティーに拡散させる。心地よい情報に取り囲まれた人は、異質な情報に対して自らの考えを検証する機会を失っていく。分断した社会では冷静に政策論争を交わすことが難しくなる。フィルターバブルの危うさだ。21年にワシントンの連邦議会をトランプ前大統領の支持者が襲撃し、5人の死者を出す事件が起きた。トランプ氏が前年の大統領選での敗北を認めず「不正選挙だ」と根拠のない主張をSNSで展開。これに同調した支持者らが、SNSで偽情報などをさらに拡散し、暴力行為をあおることになったとされる。情報源をSNSのみに頼れば、偽ニュースや陰謀論を信じ込むリスクも大きくなっている。

こうした事例は海の向こうの話ではない。スマホやSNSの全世代への普及によって、日本各地でも同じことが起こりかねない環境は整っている。日本でもニユース砂漠が拡大すれば、地域における世論形成に深刻な影響を与えかねない。そうした事態を避けるためにも、ローカルメディアのエコシステムの中に、いかに地方紙、地域紙が存在し続けることができるか。デジタル時代を迎えた今こそ、地域における新聞の役割を再定義する時を迎えている。

オリジナリティーの高さで差別化

まずはデジタル時代の情報発信の在り方を考えてみたい。これまで新聞社は、首相官邸や各省庁、都道府県庁、市町村など情報が発表されるところに記者を配置し、それを加工して読者に提供してきた。情報の流れから考えると「上流から下流」への流れだった。デジタル時代を迎え、中央省庁から小さな町の自治体まで自ら情報を発信し、市民が直接アクセスできるようになった。そのコミュニティーにとって有益な発表情報は、すぐさまSNSで拡散、共有される。新聞が上流から下流に情報を流しても、すでにスマホを通じて読者の手元に届いてしまっていることも多い。こうした情報を与える供給者側の視点で発信し続けるとしたら、新聞の存在感は徐々に低下していくことになる。必要なのは、読者が求める情報に応える需要者側の視点だ。

デジタル上では、自治体の発表も新聞もネットメディアのニュースも、ほぼフラットに流通している。その中で新聞は、多くの情報の中から読者にとって重要なものを選択し、解説を加えたり関連記事を添えたりして理解を助ける。読者目線に立って、発表された内容の疑問を解消する。中央省庁や自治体が発表した内容に誤りがあった場合や、その姿勢に問題があれば、疑問を呈したり批判したりする。こうした他のメディアとは違う役割が以前よりも強く求められるだろう。地域に拠点を置く新聞であれば、その情報について、地域におけるニュースバリューを判断するほか、地域の人々はどう受け止めれば良いか、どう考えれば良いか、といった視点を加えていくことになる。紙面中心の時代と比べても、記事のオリジナリティー、他社との差別化が重要になってくる。ネット上ではニュースの一報はすぐに流通、拡散されてコモデティー化（一般化）してしまうからだ。他社と同じようなニュースが並ぶサイトに人は集まらない。他社にはない独自の視点を生かしたニュースでなければ読まれない傾向は、今後もより強くなっていくだろう。

読者側の視点を生かした実例としては、西日本新聞の「あなたの特命取材班」が挙げられる。同紙は「暮らしの疑問や地域の困り事、行政・企業の不正告発まで、読者の情報提供や要望に応えるオンデマンド調査報道を目指す」と定義する。その上で「『あなた』のために取材して書いた記事が多くの人の役に立ち、社会がより良い方向へ進めば大きな喜び」として地域社会に貢献する姿勢を強調している。取材班には多くの取材依頼が寄せられているといい、次々と反響の大きいニュースを記事化している。取材班に寄せられた投稿をもとに中日新聞と連携して進めた「愛知県知事リコール署名大量偽造事件のスクープ」が21年度新聞協会賞を受賞したことは記憶に新しい。LINEなどで読者から寄せられた情報をもとに取材を進めるオンデマンド調査報道の成果として結実した格好だ。調査報道自体の価値の高さとともに、読者とともにオリジナリティーのある記事を展開し読者の信頼を得ていく、というデジタル時代の新聞のお手本を示してくれている。

本研究会で基調報告をした西日本新聞の担当者は、昨今指摘される「新聞離れ」に関して「読者が新聞から離れたのではなく、新聞が読者から離れてしまったのかもということを自戒したい」と言及。その上で「私たちが（読者に）見える存在なら、安心や信頼をもたらし、声援を送ってくれるかもしれない」と期待感を込めて語った。ニュースの受け手である需要者側に立った場合、新聞は何をどう届けるべきか、という課題への一つの回答といえる。

地域メディアのエコシステムの要

取材過程を可視化して読者の疑問に応え、信頼を得る手法に他のメディアも取り組み始めている。新聞各紙は外部の専門家らを招いた委員会を設け、実際に報じたニュースをテーマに取材の在り方や報道の倫理などに関して議論した内容を紙面や電子版で公開している。朝日新聞や毎日新聞などは音声配信サービス「ポッドキャスト」を活用して記事制作の過程や取材の裏話などについて音声で伝え、読者との距離を縮める取り組みをしている。当紙も電子版のオリジナル記事や記者ウェビナーなどを活用して、取材の過程などを読者と共有する試みを始めている。22年度新聞協会賞を受賞した北海道新聞日ロ取材班の長期連載「消えた『四島返還』」は、長尺記事も掲載できる電子版先行で公開。連載は社内での議論や検討過程のほか、取材現場で記者がどう感じたか、どう考えたかが伝わる内容になっている。取材班は「記事はできるだけ取材者としての視点を残し、現場の苦悩や興奮が伝わるように工夫した。メディアを取り巻く環境が大きく変化する中、読者に新聞記者の職業を再認識してもらうことを願っている」と説明する。記者の考え方や思いを伝えることは、ニュースや連載企画への読者の理解度や信頼度を高める効果につながっている。

地域や社会の課題について、読者からの疑問を受けて、取材や調査を進め、読者と一緒に考え、読者とともに解決に向け歩んでいく。取材の内幕や取材過程なども報告し、報道に偽りや偏りがないことを知ってもらう。時には記者が登場して読者に分かりやすく解説する。地域への発信を強めることでフェイクニュースの拡散を防ぎ、読者とともに正常な議論の場をつくっていく。こうした読者との双方向性を重視した報道の在り方は、デジタル媒体を活用することで、これまで以上に実現しやすくなる。新聞各社が進める媒体のデジタル化とともに、記者の情報収集や取材手法、そして表現方法や発信の仕方が変わることで、読者との距離感や関係性も徐々に変わっていくだろう。新聞がデジタル媒体を活用して読者の信頼を得るための取り組みを進めていけば、将来的に地域メディアのエコシステムの中で居場所を定着させることにつながると思う。

これまで指摘したように、地域の新聞が報じるニュースは、地域における住民の意思決定に不可欠なものだ。新聞はデジタル時代を迎えても、民主主義の運営に欠かせない正しい情報や知識を伝える基盤にならなくてはいけない。その存在を維持するためには、今後も続くであろうデジタル媒体の進化やメディア環境の変化、それに伴って変わるニュース・情報の伝え方などに適応し続けることが重要になる。地域メディアのエコシステムの中で、確固たる存在を築くための挑戦や試行錯誤を将来にわたって絶え間なく続けていく――新聞にはその覚悟が求められている。

デジタル時代の変化と展望

コミュニティーの視点から

――「命と地域」を守る役割

河北新報社　経営企画局企画委員　石川正宏

未曽有の被害をもたらした2011年の東日本大震災は、当社に厳しい試練を突き付けた。沿岸部の発行エリアが津波被害を受け、多くの購読者が被災した。社の取材拠点、販売店も損壊した。ライフラインの寸断、用紙供給の先行きが見通せず、新聞発行継続への危機感が高まった。一方、この危機的状況が、新聞社と読者との関係性を見つめ直す契機、気付きの機会になったと思っている。

一つは編集現場が、図らずも直面したSNS体験。記者が締め切りや降版時間に縛られず発信するタイムラグのない生活情報に、多くのフォロワーが付き、双方向のやり取りも生まれた。準備不足の中でスタートさせたSNS活用だったが、ちょうど紙面とネットの融合プロジェクトを検討しており、発信者としての手応えがその後、地域を深掘りする「ハイパーローカルメディア」の実践につながった。

もう一つは、新たな防災報道へのかじ切り。震災犠牲者のあまりの多さに直面し、現場で防災報道のあり方に疑問が生まれた。地方紙として、災害から住民の命と地域を守るため、何をすべきかが議論され、マスメディアの方向とは真逆の「狭く深い」防災・減災の取り組みを始めることになった。

前者は、方向性の確かさはあったが、今日まで継続することはできなかった。一方、後者は今も防災報道の核として位置付けている。極限的な状況だったから、輪郭がはっきりしたことが多かった。被災地の新聞社としてできたこと、できなかったことを整理しながら、デジタル時代における新聞の公共性を考える材料を提示したい。過去を振り返り、自分たちの立ち位置をはっきりさせることが、未来を語るには必要だと思う。震災で学んだのは、「必要な情報を、必要な人に、必要な時に届けること」の大切さであり、それが新聞社の使命ということだった。至極当然のことだが、その当たり前を、日々どう実現していくのかが、今問われている。

SNS普及後初の大規模災害

東日本大震災は、ツイッターなどのSNSが普及して、初めての大規模災害と位置付けられている。本社のある仙台市は電気、水道、都市ガスなどライフラインが途絶し、JR、地下鉄などの公共交通機関が止まり、車のガソリンが容易に手に入らず、生活困難状況となった。さらに数日間、被災地の様子が分からない情報途絶状態が続いた。

　仙台市中心部の本社も停電となり、自家発電機を稼働させた。電力消費を抑えるため、新聞製作部署に使用を限定した。そのため当時、人事部所属だった私は、被災後、テレビやパソコンを見ることもなく、沿岸各地を津波が襲っていることも知らず、応急対応に追われていた。深夜、街で配布する号外を手にして初めて事の重大さに気付いた。

　その間、当社のネットチャンネルへのアクセスが急増した。被災後、途絶した時間はあったが、復旧とともにニュースサイトに情報を求めるアクセスが殺到した。本研究会で講演いただいた遠藤薫学習院大学教授は著書『メディアは大震災・原発事故をどう語ったか――報道・ネット・ドキュメンタリーを検証する』で、当時の状況を記述している。引用されているビデオリサーチインタラクティブ調査によると、震災のあった3月にアクセス数が急増した上位4サイトは、東北電力、東京電力、宮城県、日本赤十字。当社は5番目にランクされ、前月比510%という驚異的な伸びを示し、月間の推定接触者は109万人に上った。情報を求める人々が、地元新聞社に集中した結果だった。

いしかわ・まさひろ＝1963年生まれ。88年入社、報道部、東京支社編集部などを経て、人事部長、編集局次長兼デジタル推進室次長、社長室長。2021年から企画委員兼務で、販売会社・河北仙販に出向。

　編集局では被災状況の確認に追われる中、朝夕刊に情報を集約する紙の新聞とは別に、ソーシャルメディアの活用が始まった。携帯電話やスマートフォンは乾電池や手回し式の充電器のほか、乗用車でも充電ができ稼働できた。夕刊のページ減で、原稿の収容先が減った夕刊編集部（当時）の記者が、「#sendai」を付け、ツイッターで仙台市内の様子や生活情報を大量に送信した。

　「JR仙台駅は立ち入り禁止です」「○△商店街の精肉店が開いている」「△×町の犬猫病院は午後4時から7時まで、今日、診療しています」。記者が街を歩き、確認した情報を短文で発信した。手探りの取り組みだったが、「河北新報が怒涛《どとう》のように情報を発信している」などのコメントとともにリツイートされた。「PCも携帯も持っていない仙台の両親に伝えます」など、ネット情報はさらに口コミへの広がりをみせた。遠藤教授は当社のツイート数の多さにも触れている。

紙面・ネット融合型報道を開始

　被災からほぼ1か月、紙幅の回復とともに、記者の主戦場は紙面に戻った。日々の生活物資への心配もだいぶ収まっていた。日常を取り戻す過程で、「#sendai」の注目度や役割も変化した。大幅な減収見通しが示される中、新聞社としてのリソースは、紙面に集中することになった。ただ、読者が見えないと言われるマスメディアで「必要な情報を必要な人に必要な形で届けている」という手応え、情報発信者として読者とのつながりを意識できた意味は大きい。担当者は当時をこう振り返っている。「発信したのは『見たまま情報』だったり、商店やガソリンスタンドの開店などの細かい生活情報だったりしたが、記者が街を歩くことで初めて気付いたことも少なくなく、こうした情報を市民が求めていることも分かった」。震災から半年後、この経験をベースに、期間限定で記者が仙台市内の一つの地域に入り込み、集中取材して、ウェブサイトと夕刊で紹介する「紙面・ネット融合型報道」を開始した。

震災直後の混乱の中で、人々の興味・関心が生活情報に集中していたとはいえ、誰でも自由に情報や意見を発信できるネット上だからこそ、新聞社のブランドと信頼性が好感され、ただのつぶやきではなく、価値ある情報と評価されたと思う。加えて、当時、街を歩きながらツイートした記者たちも、受け手の市民と同様に被災者だった。必要な情報が何かを共有していた。

平時にあっては、人々の多様な欲求を読み解き、対応していくことが難しい。それが新聞の苦戦につながっている。SNSの活用、紙面とネットの融合はその後、さまざまな手法を試みてきたが、形が定まることがないまま、本格的なデジタルの奔流にのまれた。

広く浅くから狭く深くへ

宮城県沖には活発な地震域があり、政府の地震調査委員会は2000年11月、約20年以内に大地震が起きる可能性は約80%、30年以内は90%と発表した。その後の発表で発生確率は上がり続け、大震災前には30年以内は99%となっていた。

地元紙として、一般記事だけでなく特集紙面を組んで警戒を呼び掛け、備えを啓発している自負があった。ところが、東日本大震災では主たる発行地の宮城県だけで1万1千人を超える死者・行方不明者が出た。防災担当の記者は「自分たちの報道に意味があったのか」との疑問に直面した。

震災から数か月後、思いを抱えたまま、担当記者が県内の仮設住宅を回り、読者100人にアンケートした。「震災で河北新報の防災報道は役立ちましたか」の問いに、72人が「役に立たなかった」と回答した。平野部の読者からは「地震が起きたら高台に逃げろと書いてあったが、ここのどこに高台があるんだ」と反問されたという。同じ津波でも、リアス式海岸の三陸と平野部では被害の姿が異なり、対策も違っていた。「広く浅く」というマスメディアの限界を突き付けられた。

記事と実態の食い違いを埋める取り組みが検討され、住民と一緒に防災を考える巡回型ワークショップ「むすび塾」の発想が生まれた。災害が起きた際、助け合いが必要となる町内会、職場、学校などの小さい集団、コミュニティーを基本に、参加者は毎回10人程度。それぞれが意見を出し合い、参加者が地域にあった備えを考える「場」づくりを進める。防災の専門家がコーディネートはするが、あくまで主役はそこで暮らし、働き、学ぶ人々。防災を「自分ごと」ととらえ、当事者意識を持ってもらうため、新聞社が得意な「シンポジウム」ではなく、あくまで小規模なワークショップにこだわった。

震災から半年後の9月、名古屋市であったマスコミ倫理懇談会全国大会の分科会。「防災報道の検証結果を発表し、今後、防災報道の核としてワークショップの実施を検討していると報告すると、他社から『それは行政の仕事ではないか』『記者がそこまでする必要があるのか』と半ばあきれられた」と担当者は振り返る。マスメディアとしては異例の取り組みと受け止められた。

震災翌年の5月、むすび塾は宮城県東松島市からスタートした。津波で被災した沿岸部にとどまらず、防災・減災の観点から豪雨による河川氾濫や土砂災害、都市部の地震被害も想定に加えて、開催場所を広げた。発行エリア外にも出張し、22年11月までに108回開催している。10年以上継続している取り組みは、デジタル時代にあって、ひどくアナログで、手間がかかる割に、影響力が小さく映るかもしれない。だが、地域住民の生命と財産を守るという、地方紙の役割が凝縮している取り組みと考え、継続している。

地方紙は発行エリアが限定され、都市部に比べ人口の流動性が高くない。それゆえ読者層をかなり特定できるように思われがちだが、震災の多様な被害状況に接し、それが思い込みであることを知らされた。私自身、記者時代、自分なりの「読者像」は持っているつもりだったが、それほど明確ではなかった。誰がどの記事を読んでいるか、満足しているかに無頓着だったわけではないが、知るすべがなかった。ただ、これから地方紙が目指すのは、顔のない「マス」を分解し、地域やさまざまなコミュニティーの属性をしっかりととらえ、何ができるかを考え、発信することだと思う。

ニューヨーク市立大学教授のジェフ・ジャービス氏は著書『デジタル・ジャーナリズムは稼げるか――メディアの未来戦略』で、「マスは存在しない。マスとみなす見方があるだけ。ネットによってその見方も失われた」と、レガシーメディアの意識転換を促している。

マスの存在しない状況下で、ジャーナリズムのあり方について「コミュニティーの知識の体系化を助ける仕事。それがコミュニティー自身の体系化にもつながる」と提示する。著書では、自宅周辺を襲ったハリケーンの際、生活者として必要な情報が、マスメディアからまったくもたらされなかった体験を例に説明している。

「コミュニティーのメンバーが求めている情報を的確に提供できているかが、ジャーナリズムにとって非常に重要な成功の基準。情報は、本当にコミュニティーの人たちが欲しがっているものなのか、求めている情報を的確に提供するためには、顧客、ユーザーの声に耳を傾けなければならない。まずは何を求めているのかを尋ねる。何かが分かれば、提供する最適な手段を考える。コミュニティーのメンバーで情報を共有する場を作るのか、教育講座を立ち上げるのか、報告記事、解説記事、ただの関連データの開示なのか。ジャーナリズムの最も重要な価値とは、利用者の目標の達成に役立つということ」

この枠組みから言えば、東日本大震災後、記者が街から発信した生活情報のツイートと、震災後1年を経てスタートさせたむすび塾のいずれもジャーナリズムであり、地方紙が担う公共性の高い取り組みと考えている。

もちろん「誰もが同時に知る必要があるニュース」は存在し続ける。権力を監視し、不正を暴く報道は必要であり、職業ジャーナリストの大きな使命だと思う。そもそも報道のすべてを先述する「ジャーナリズム」に置き換えることは難しい。必要なのは情報の受け手(個人、コミュニティー)としっかり向き合う意識、姿勢だと思う。現時点で大切なのは、どちらかのジャーナリズムを選択するというゼロサムの発想ではなく、バランスだと考えている。

若者との確かな関係づくり

若者の新聞離れが言われて久しい。大学で教える先輩も「新聞(紙)を手に取る学生はいないし、これから増える可能性もない」と言い切る。ならば、彼らの可処分時間にどう入り込んでいけばよいのか。

　２０１７年、震災の風化を防ぎ、震災の伝承と防災啓発の発信を20年後、30年後につなぐため、仙台市、地元大学と連携して「３・11『伝える／備える』次世代塾」を始めた。対象は大学生（一部社会人を含む）で、東日本大震災の被災者、救助、医療、避難所運営、復興支援の当事者を講師とし、座学と現地視察を組み合わせた15コマの通年講座を開催している。第６期の22年度は１５０人が登録し、５月にスタートした。

　受講生は、最初の17年度が１１６人（修了生65人）、18年度１３２人（73人）、19年度１３１人（72人）、20年度１７８人（１４７人）、21年度１４４人（１１４人）。新型コロナウイルス感染が拡大して以降、リモートやビデオ講義を導入した。受講がフレキシブルになったこともあって、ここ２年はリタイア組が減り、修了率が上がっている。リモート講義はコロナ禍で否応《いやおう》なく導入することになったが、今後、リアルとの併用を進めることで、すそ野を広げる効果が期待できると考えている。

　受講者数は決して大きな数字ではない。だが、震災を知ろうという意欲的な若者が毎年１００人規模いて、現場はそれにどう応えるか、毎年、知恵を絞っている。学生らは小中高と教育の場で、震災に関する学習の機会はあったろうが、被災者の生の話を聞き、被災現場で具体的な説明を受けるといった体系的な学びは経験していない。「知りたい」という若者たちの思いに応え、つながりを持ち続けることも地方紙が果たすべきジャーナリズムの一形態と考えている。

紙とデジタルのハイブリッド

「紙かデジタルか」ではなく、「紙とデジタルのハイブリッド」が当社の目指す方向だ。本研究会で、基調報告をいただいた講師から「地方紙の方が可能性はある」というありがたい言葉をいただいた。送り手と受け手との距離の近さがその理由だと思っている。ニュースには地域性があり、エンゲージメントを結びやすいということと理解した。当社も専門部署を設け、ニュースサイトを訪れる読者の行動解析を進め、関心を持たれる記事の研究もしている。まだ始まったばかりだが、毎日送信されてくるリポートを読むと、自分のイメージと異なる読者傾向に驚くことが多い。データを積み上げ、訪問者を増やす工夫や、ＳＮＳを活用した取材手法にも取り組んでいる。

　一方で、既存読者との関係もしっかりと結び続けていかなければならない。支局時代、大きな情報源の一つが市町村議だった。首長の評判、地域の課題、さらには噂《うわさ》話のたぐいまで、地域の世話役でもある彼らにいろいろと教えてもらった。しかし、平成の大合併を経て、市町村数は激減し、歳出抑制から議員数が減っている。総務省の調査（地方公共団体の議会の議員及び長の所属党派別人員調べ）では、東北６県の市区町村議は１９８９年に８１５８人いたが、２０２１年には３５３９人と43・4％にまで減った。地域に根を下ろした議員が担ってきた目や耳の機能は減退し、記者が享受できる情報も減っていると思う。高齢化、過疎化が進む地域では、記者自らがこれまで以上にコミュニティーに入り込み、住民の声を聞き、問題意識を共有する必要がある。さらに、こういう地域で、テクノロジーを活用した取材手法も研究していくべきだと思っている。

同じ目線で見続ける覚悟

新聞の姿を予見することは難しい。ただ100年前も、運輸機関の発達、通信事業の普及、印刷設備の進展という大きな技術革新によって、新聞社は構造改革を迫られていた。

その時期に執筆された朝日新聞社・杉村楚人冠の『最近新聞紙学』（1915年刊行）には、現代に通じる示唆的な記述が多い。「近くの事は遠いところで起こった事より値がある」（距離の遠近）とニュースバリューを解説し、当時の外電重用に疑問を投げ掛けたり、記者の心得として、「新聞記者はいかなる場合もいかなる人に対しても記事の掲載の約束をしてはならない」（無用の約束）と戒めたり、「雑報記事は単刀直入、事件の要点を最初の1項に書いてしまう。そうすれば、忙しい読者はそこだけ読めば済む」（読ませんとする努力）と、今では当たり前の逆三角形の原稿を提唱したりしている。その中で、読者との関係への言及が特に興味深い。

「新聞の公衆に対する態度は親しみに欠けた大道商人と買い手、役者と見物人の関係」と評し、「新聞紙からはこのような物ができたから買わぬかといい、作るにつけ見せるにつけ、片方で相談を仕掛けもせねば、片方で相談を受けもしない」と指摘。新たな時代に新聞が発展するためには、読者との有機的な関係構築が必要だと強調している。

「新聞紙と読者とは近づけば近づくほど、読者のその新聞紙に対する戮力《りくりょく》(cooperation)的傾向は益々《ますます》加わってきて、ついには読者が新聞紙を中心として、一個のコミュニティーを形づくる。更に進んでは、一個のファミリーを形づくるともいえる。かくの如《ごと》き堅固なる新聞紙と読者の関係ができれば、その新聞紙の勢力は、これに従って次第に強大を加える」

デジタル時代の今、まさに議論されているエンゲージメントだ。ではそれをどうやってつくり出すのか。具体的な例示はない。ただ本旨は実に明快で、耳が痛い。

「新聞紙の編集の一方針としては、この読者の戮力の助長と維持と利用とを念頭から離れさせぬ。言い換えれば、今日までの高踏的態度を捨てて、いずれの方面にも読者と相触るるところあらしめる」。つまり「上から目線を止めて、読者と向き合え」ということだ。

河北新報は東日本大震災後、「被災者、被災地に寄り添う」を基本に、震災報道にあたってきた。震災報道だけに限らず、報道全般にかかわる姿勢だと思っている。震災後、「寄り添う」は企業広告をはじめ、さまざまな場面で使われ、一般化した感がある。当社の立ち位置を明確にするため、編集幹部が記者研修で使うレジュメの文言を紹介したい。

寄り添うという言葉は軽々に使いたくないが、どういうことかと問われたら「同じ地平に立って、見続けること」と答えたい。

100年前も今も必要なのはテクノロジーの進展にたじろぐことなく、それを最大限に活用し、読者を知り、その期待と欲求に、真摯《しんし》に応えていくことなのだと思う。

デジタル時代の新聞の公共性研究会
各回の基調報告（概要）

研究会では2020年6月から22年2月まで、計12回にわたり基調報告者を招いての会合を開催した（8ページ参照）。月刊誌『新聞研究』に順次掲載してきた各回の内容を、以下に再録する（基調報告者の肩書はすべて当時）。

〈基調報告　2020年6月9日〉

メディアと政治・経済・社会との関係の変化

学習院大学　法学部教授　遠藤　薫

1．間メディア社会とは

遠藤は、現代のメディア社会を「間《かん》メディア社会（図1）」として考察する。間メディア社会とは、マスメディア－ネットメディア－対面メディア（実空間コミュニケーション）が複層的に作動し、それらの相互作用の結果として、現実（リアリティー）が立ち現れるような社会である。

間メディア社会における〈世論〉〈社会運動〉は、間メディア空間における情報流通のヴァイラル（ウイルス性）によって、しばしば突然爆発的（パンデミック）な拡大を見せる。これを「間メディア・ムーブメント（スキャンダル、図2）」と呼ぶ。

2．コロナ下の間メディア・ムーブメント

コロナ・パンデミックにより発出された緊急事態宣言のなかで、ネットでは「#検察庁法改正案に抗議します」というハッシュタグに膨大な数の人びとが参集した。それは、週刊誌、新聞報道、テレビ報道が相互に作用し合ったまさに大きな間メディア・ムーブメントだった。結局、国家公務員法改正案は廃案となった。

ただし、間メディア・ムーブメントは、単発のバズ現象ではないことに留意しなければならない。背景には、気候変動問題、グローバリゼーション、市場至上主義による格差の拡大、「自己責任」論による個人の孤立などさまざまな社会問題があり、コロナ禍によって「生死に直結する危機」が強く意識されたことから、運動化したと考えられる。

ほぼ同時期、海外でも大きな間メディア・ムーブメントが起こった。米国で白人警察官によって黒人が不当な暴力を受け死亡した事件に端を発した黒人差別抗議運動である。この運動は瞬く間に全米に広がり、さらに

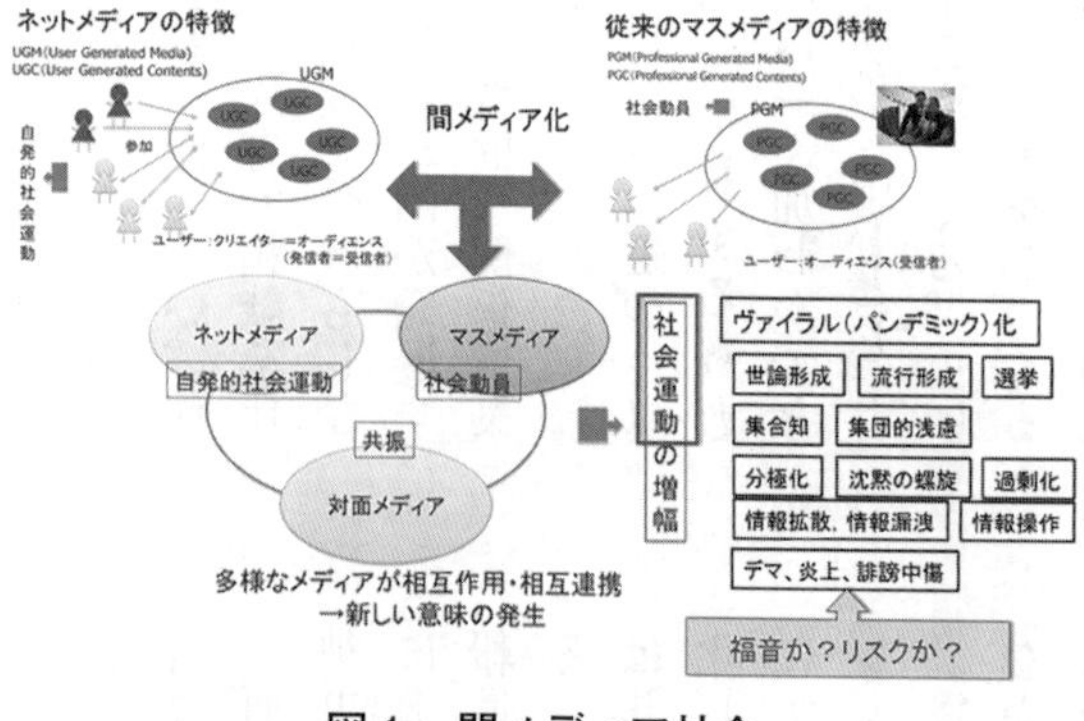

図1　間メディア社会

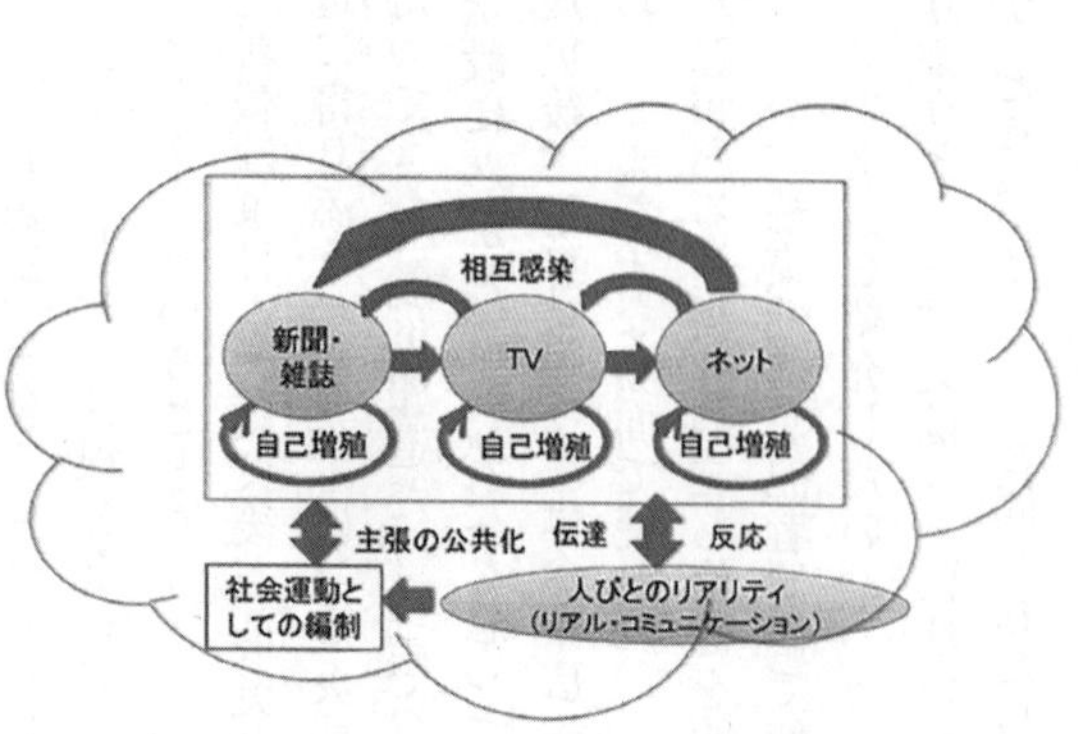

図2　間メディア・ムーブメント

欧州など世界中に拡大していった。この運動は、リアルな路上で展開されたが、新聞やテレビでも連日報道され、ネットでは、「#BlackLivesMatter」というハッシュタグによって拡散していった。これもまた、オンラインと実空間が一体化して繰り広げられる、間メディア・ムーブメントであった。

やや時間を遡るが、香港の民主化運動も類似の運動といえる。

3．ウィズコロナ社会と新聞の役割

２０２０年に世界を席巻したコロナ・パンデミックがすぎても、脅威は完全に払拭されることはなく、人類は新型コロナウイルスと共存していかざるをえないと言われている。「ニューノーマル」と呼ばれるウィズコロナの生活では、日常は大幅にオンライン化され、情報の重要性が高まるだろう。間メディア・ムーブメントの頻度も規模も大きくなると予想される。だが、それらは必ずしも世界の民主化に資するとは限らない。問題を矮小《わいしょう》化したり、虚偽情報を交えた大衆扇動へと堕する危険も大きい。

その時新聞には、次のような役割が求められる。

・ホットメディア（専門家による深く掘り下げた情報を提供するメディア）としての新聞の特性を再確認する
・「事実」にもとづいた報道
・感情的ではない、対象の分析
・記名記事
・両論併記は「客観」ではない。「デモクラシー」に立脚した意見表明を
・サイレント・マジョリティーへの寄り添い

こうした役割を全うすることにより、新聞の重要性はこれまで以上に高まると考えられる。

（えんどう・かおる）

※図は共に筆者作成

【関連拙稿】
https://kaoruendo.com/performance/

〈基調報告　２０２０年７月22日〉

メディア環境の変化と生活者の情報行動

博報堂ＤＹメディアパートナーズ　メディア環境研究所上席研究員
新　美　妙　子

メディア環境研究所の独自調査であるメディア定点調査によると、今年のメディア総接触時間（各メディアの接触時間の合計、のべ時間）は４１１・７分。昨年初めて４００分台になったメディア総接触時間は高止まりで推移した（**図１**＝66ページ、https://mekanken.com/mediasurveys/）。新聞の接触時間は14・９分で、調査を開始した２００６年（32・３分）の半分程度となった。

新聞が首位のメディアイメージ（生活者がメディアに抱く価値）は42項目中６項目である。携帯／スマホのイメージが上昇した15年頃に新聞のイメージは一旦下降したが、再び持ち直し、信頼性や情報の質の高さという価値は現在も保たれている（**図２**＝66ページ）。情報の速さや量の多さという価値が携帯／スマホに移動する中で、本質的な価値が浮き彫りになったと考えている。

多様化する接触手段

メディア定点調査はデジタル化の進展以前に開始した調査であるため、例えばスマホで読む新聞の電子版は「新聞」であるか「携帯／スマホ」であるかを把握できない。どちらの時間に入れるかは調査対象者の判断に委ねられているからである。そこで行ったのが「メディア接触スタイル把握調査」である。新聞コンテンツを紙で読むのを「従来」、デジタルサービスを使って読むのを「デジタル」として有料・無料を問わず、新聞社発の正規サービスに非正規サービスも含めて生活者の新聞接触実態を捉えた。新聞コンテンツ

の接触スタイルは紙だけで接触する「従来のみ」が26・2％、紙とデジタルサービスを併用する「従来・デジタル両方」が30・9％、「デジタルのみ」の接触が42・9％であった。全体の7割以上がデジタル経由で新聞コンテンツに接触しており、4マスメディアの中でデジタルの比率が最も高い。また、スタイル別の新聞コンテンツの接触時間では「従来・デジタル両方」の接触時間が圧倒的に長い（**図3**）。「従来のみ」と「従来・デジタル両方」の紙の新聞を読む時間は同程度であり、「従来・デジタル両方」はデジタルの時間が上乗せされている。即ち、デジタルはアナログを侵食しないということが調査からわかった。

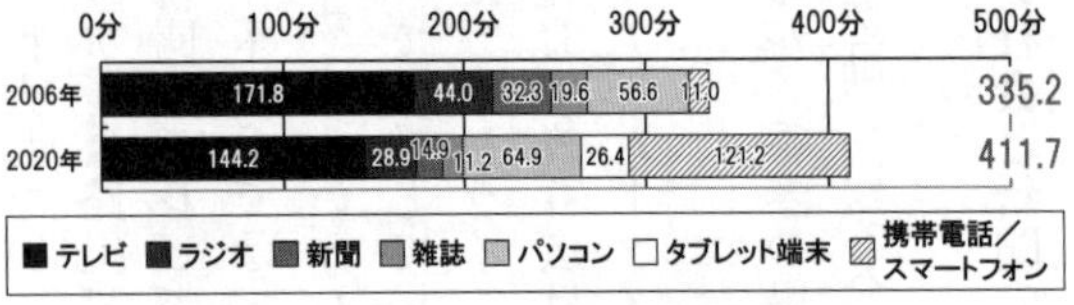

図１　メディア総接触時間（東京）

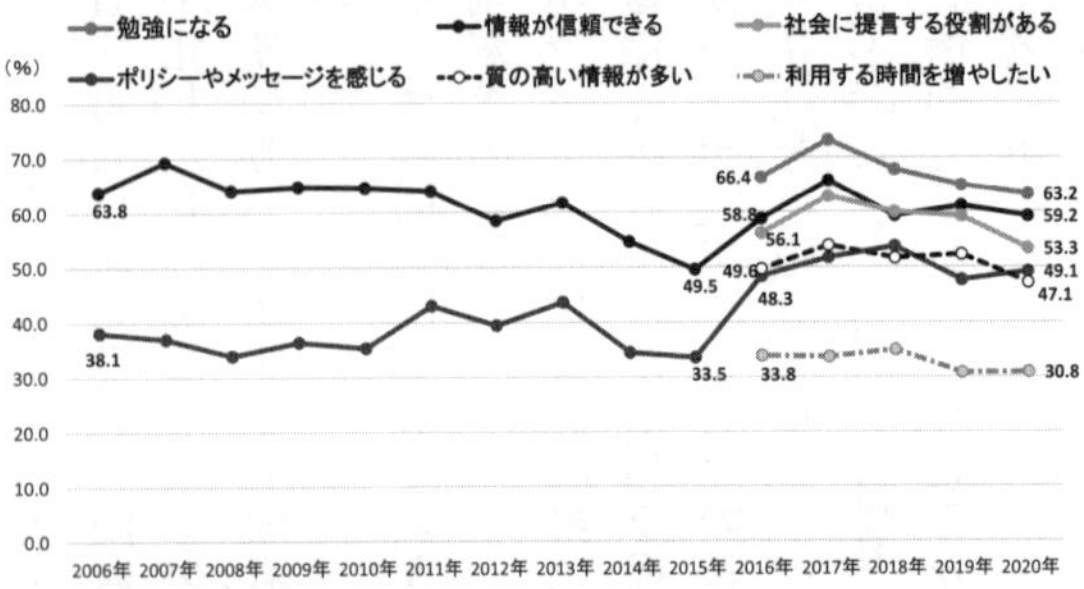

図２　新聞のメディアイメージ（時系列推移）

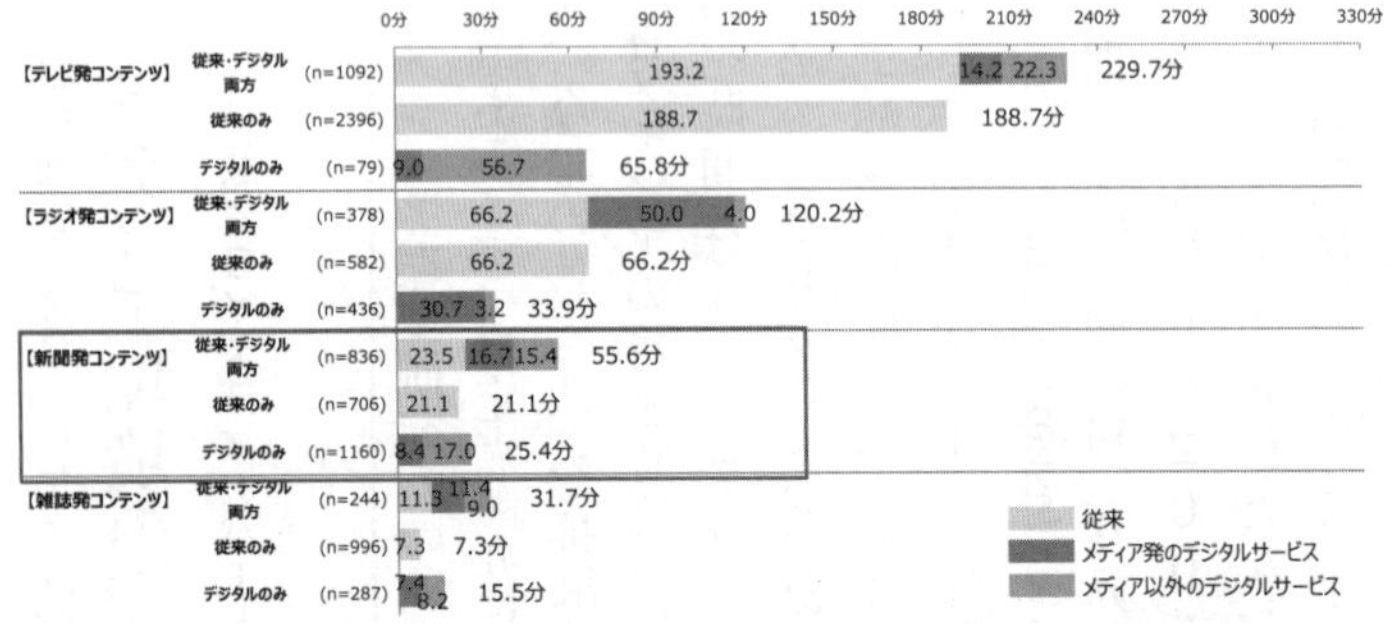

図３　マスメディア発コンテンツの接触スタイル別接触時間

デジタル時代の情報意識

メディア定点調査では生活者のメディア意識や態度も調査している。「ネットの情報だけではニュースの表面的な部分しかわからない（52・1％）」「マスコミが伝えないことをネットは明らかにしてくれる（42・0％）」など、ネットの情報は浅いと考える一方でマスメディアの情報だけでは不安との思いを払拭する役割をネットが担っている様子がうかがえる。

また、「新聞やテレビの報道はジャーナリズムを支える土台だと思う」（35・4％）は16年から11・1ポイント減少している。世の中の情報の発信元を尋ねた質問で「マスメディア」は16年から4・1ポイント減少して29・3％、「SNSなどのネットメディア」は16年から8・6ポイント上昇して20・5％である。マスメディアが減少傾向にありネットが上昇しているが、どちらでもない人が半数いる。生活者が情報をうのみにせず、複数の情報源で確かめて総合的に判断することで自分なりの確かな情報を得るように変化しているからではないだろうか。

メディア環境の変化の中で生活者にとっての「公共性」という意味もまた変化している。メディアからの一方的な情報ではなく、不特定多数の生活者の意見を吸い上げる仕組みと視点を持ち、それを生かして情報を発信することこそがデジタル時代の公共性なのではないだろうか。

（にいみ・たえこ）

※図は博報堂DYMP提供

〈基調報告　2020年9月8日〉

デジタル時代におけるメディアの信頼構築

スマートニュース　メディア研究所所長
スローニュース　社長　瀬尾　傑

新型コロナウイルスの感染が広がる中で、当初は情報を求める読者も多く、ニュース系ネットメディアは読者が急増したところも少なくない。一方、新種の感染症のため政府機関の発信でさえ不確かな情報もあり、ニュースやメディアの信頼性があらためて問われた。

渦中の今年4月、PR会社エデルマンが世界11か国で行った調査によると、日本は海外の平均に比べ、「メディアが誠実で公平だ」と思っている人が少なく、逆に偏見があると考える人が多かった（**図表**）。また、ニュースの情報源として新聞、テレビなど伝統的なメディアよりも検索エンジンをあげる人が多かった。信頼できる情報源としてもジャーナリストをあげる人は18％に留まり、企業内技術者（43％）、学者・専門家（34％）に大きく差がついた。

もともと日本ではジャーナリズムへの信頼性の低下が懸念されてきた。ロイター・ジャーナリズム研究所の調査は、読者とジャーナリストのそれぞれに、「メディアが権力を監視しているか」を問うた。日本ではジャーナリストの91％がそれを肯定したのに対し、読者側は17％しかいなかった。英国やドイツでそれぞれともに40％前後が肯定しているのとは、大きな乖離《かいり》がある。読者と作り手の認識の大きなギャップが、メディア不信の元凶であろう。

この問題の解決の難しさは、ジャーナリズムが抱える特性でもある、啓発性や情報の選別、情報源の秘匿、権力監視といった特性が、それぞれ「上から目線」「記事の偏向」「不透明な情報源」「批判ばかり」と読者にマイナスに受け止められていることだ。

ネットメディアもその課題を解決する存在になっていない。それどころか、PV主義の傾向は、フェイクニュースや、フィルターバブル、エコーチェンバーを生み出す構造になっている。

JIMAの設立

そこで、ネットにおけるメディアの信頼性を向上させるため、2018年に有志でインターネットメディア協会（JIMA）を立ち上げた。FNN．jpプライムオンラインやTBS NEWS（デジタル）、デジタル毎日や読売新聞オンラインなどのコンテンツメディア、SmartNewsやNewspicsなどのニュースアプリといった、レイヤーを横断し

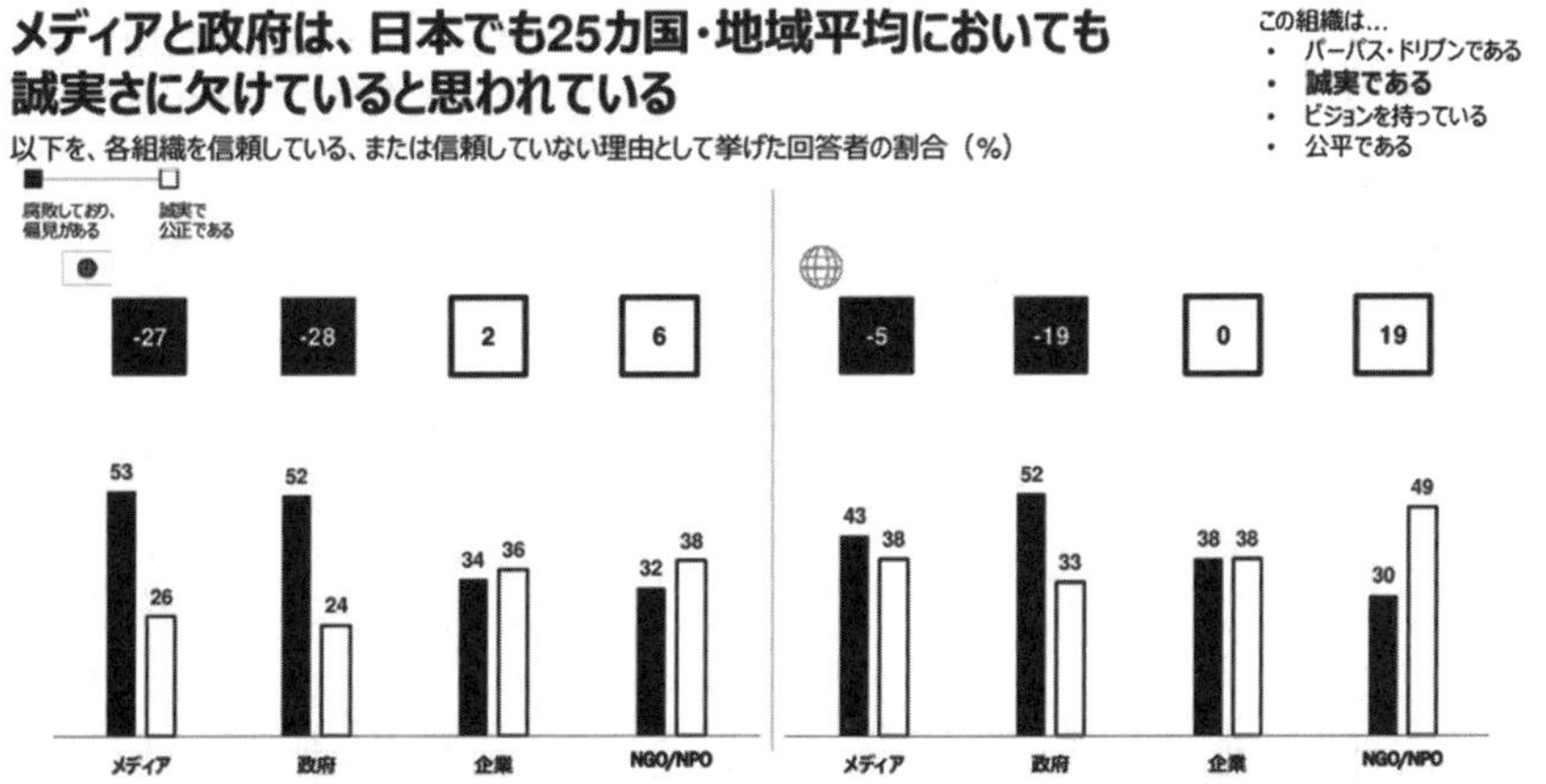

図表　メディアと政府への信頼性は日本、25か国・地域ともに低い（『2020エデルマントラストバロメータ』資料より）

た法人や媒体が集まっているのが特徴だ。

　私が代表理事をつとめるJIMAが重視しているのは、信頼と創造性を確保するための自主的な取り組みだ。倫理綱領(https://jima.media/organization/) をかかげ、向上に取り組んでいる。

読者の声を聞いているか

　JIMAでは特に勉強会に力を入れている。事例の紹介や現場の交流により、課題と解決策を共有する。ビジネスのノウハウやテクノロジーだけではなく、炎上対策やコロナ報道関連のプライバシー問題、情報法の最新状況などの知見を共有するセミナーを月1回オンラインで開催している。11月上旬には大きなイベントも準備している。

　メディアが意識すべきは、ユーザー目線での信頼性である。透明性・多様性はあるか、主張と行動が一致しているか、ユーザーの声を聞いているか――が、重要となる。


（せお・まさる）

ネット広告の倫理、信頼性向上への取り組み

日本インタラクティブ広告協会（JIAA）常務理事　植　村　祐　嗣

　コロナ禍における公共性とは何か。国民や住民の行動や言動の自由の確保を公共性というなら「個々の自粛」に委ねることになり、公共の福祉のための統制や制限を求めるならば「罰則付きの要請」や「強制」ということになる。その結果が「自粛の要請」であった。

　自由と統制の絶妙なバランスについてマスメディアに目を向ければ、媒体自身の自制だけではないさまざまな安全装置が施されている。放送には放送法や放送免許があり、新聞には輪転機や販売店網があり、雑誌も出版取次や書店との流通網がある。大きな枠組みの中で情報流通の自由と秩序を守り、信頼を維持している。

　そして、広告の掲載も、それに準じてきた（画像1）。

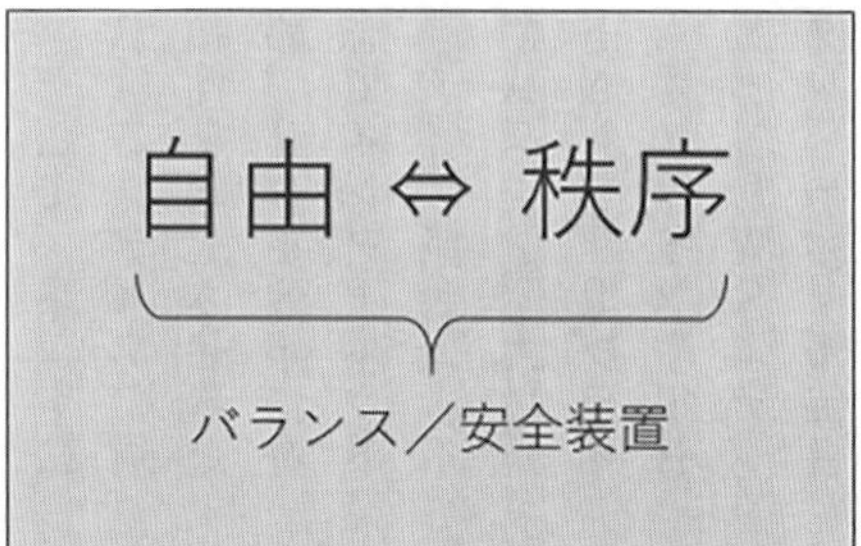

画像1　マスメディアや広告は自由と秩序のバランスを保ち信頼を維持してきた

自由の代償

　一方インターネットは、これらマスメディアの権威や自制の枠組みの外で発展し、個々人の自由な言説や交流がなされ拡大した。技術革新による表現の自由の実現は歓迎すべきことなのだが、リアルな社会と同様にそこには同時に無知や悪意が混ざり込んできた。

　広告の掲載も同様の状況になった。インターネット広告は関係者の努力にもかかわらず、虚偽や誇大広告、ステルスマーケティング、違法・不当な広告掲載先、あるいは広告費の詐取等の「自由の代償」が看過できないレベルとなってきた。

　着目すべきは、これら不適切な広告や広告取引の多くは、インターネットに特有のものではなく、従来、違法・不当なチラシや悪質なセールス等では散見されていたものが、デジタルの世界にも紛れ込んできてしまった点である。つまり、健全な市場を悪意から守るためにデジタル以前のさまざまな知恵が応用可能なのだ。

　ようやく、私たち業界団体の取り組みに注目が向き、世界的にも不正撲滅の機運が広く市場に認められるようになったのは特にこの数年である。自由な場を守りながら、いかに悪意を排除するかの闘いは続く（画像2＝69ページ）。

温故知新

現在、インターネットの世界では、自由と秩序のバランスを実現すべく、さまざまな議論、工夫、努力が続けられている。広告分野でも、広告主、広告会社、アドテクノロジー事業者、媒体社がタッグを組み、国際的にも連携して、「公共の福祉」にかなった秩序あるビジネス市場に作り直そうとする取り組みが進んでいる。

そのときに参考になるのが、新聞広告を筆頭にマス媒体や交通広告が築き上げてきた広告市場であろう。メディア経営や消費経済を下支えする広告ビジネスにも当然ながら公共性は必要であり、デジタルの分野ではテクノロジーの力も借りながらも、結局のところ人間の意思によって実現されるものだ。これまで以上にインターネット広告は新聞広告等のマス媒体ビジネスに学び、マス媒体もまたインターネットから学ぶ（**画像３**）。そのようにして新しい時代のメディアと広告の公共性のバランスが実現されるのであろう。

（うえむら・ゆうじ）

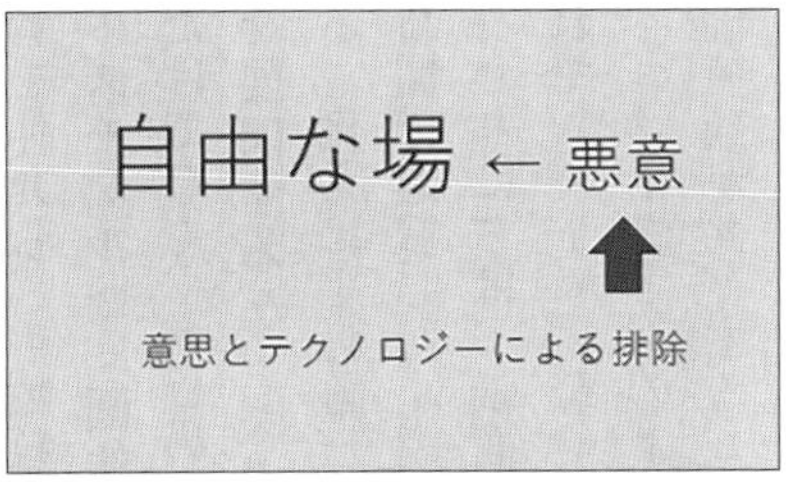

画像２　デジタル分野における広告ビジネスの公共性は、テクノロジーに限らず人間の意思によって実現される

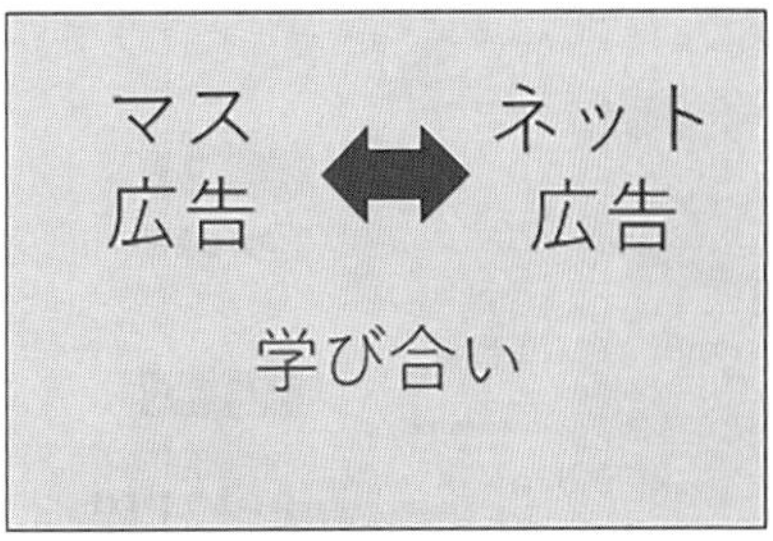

画像３　マス媒体とインターネットが互いに学び合うことで、メディアと広告の公共性バランスが実現される

〈基調報告　２０２０年11月5日〉

ネット空間におけるオーディエンスとの関係構築、コミュニティー創出

ｎｏｔｅ　代表取締役ＣＥＯ　加藤貞顕

ｎｏｔｅは「だれもが創作をはじめ、続けられるようにする」ことをミッションに掲げ、２０１１年に設立した。社員は約１００人で、半数が技術者だ。編集者のような役割を担うディレクターも10人ほどいる。

新聞、放送、出版など従来のメディアは①良い作品を生み出す（Creative）②広く人々に届ける（Distribution）③収益化する（Finance）――という創作のエコシステムがうまく回っていた。新聞でいえば①は新聞の発行、②は販売所による配達、③は販売所を通じた購読料の徴収などだ。しかし、インターネットでは誰もが発信者になれる半面、エコシステムが脆弱で、特に②のグーグル検索やＳＮＳ、③の広告収入については、新しい仕組みが必要との問題意識を持っていた。これを解決するのがｎｏｔｅのミッションだ。

順位と広告のない「街」

当社が提供しているサービスとして①ｎｏｔｅ②ｎｏｔｅ ｐｒｏ――がある。

まず①のｎｏｔｅは14年に開始したＣｔｏＣのメディアプラットフォームである。あらゆるクリエーターが文章やマンガ、写真、音声、動画などのコンテンツを自由に投稿できる。20年5月時点での月間アクティブユーザー（ＭＡＵ）は６３００万、会員登録数は２６０万人、1日の投稿件数は２・６万件に達した。20年は新型コロナウイルスの影響でウェブサービス全般の利用が伸び、当サイトのＭＡＵも急増した。

ｎｏｔｅがクリエーターと読

者を仲介し、手数料を得るビジネスモデルだ（**画像**）。一般人だけでなく、プロの作家が作品を展開するケースも増えている。例えば平野啓一郎氏が毎日新聞で連載した小説『マチネの終わりに』は、紙面から10日遅れでnoteに載せた。

ニューヨークのように多様な価値観が共存するnoteという「街」を運営していると考えている。安心した創作活動を続けられる雰囲気を作るために、コンテンツにランキングは付けず、広告もない。PVを意識するとどうしても記事の内容が過激化したり、フェイク記事やコピペ記事が量産されたりして、コンテンツがゆがむ。この二つを無くすことで、クリエーター自身が本当に発信したいことに注力できる。アーキテクチャーによってクリエーティブが変わり、それを続けることでカルチャーになると考えている。

noteは編集部があることで、クリエーティブで前向きなコンテンツが良しとされる世界観を作り出せる。このほか誹謗《ひぼう》中傷を防ぐためにコメント投稿時の確認機能を20年6月に実装した。

「街」を運営するための課金機能には、記事を買い切りで販売する単発課金▼購入月の投稿を全て読めるようにする定期購読▼読者の感じた価値に応じて対価を支払うサポート機能――などがある。サポート機能は、無料公開されたコンテンツも対象になる。自分のコミュニティーやサブスクサービスを月額会費制で運営できるメンバーシップ、ECサイトで販売している自分の商品を一覧にしたページを設置するストアなどの機能も備えた。こうした機能を通じ、読者との間に長期的な関係を築こうとしている。

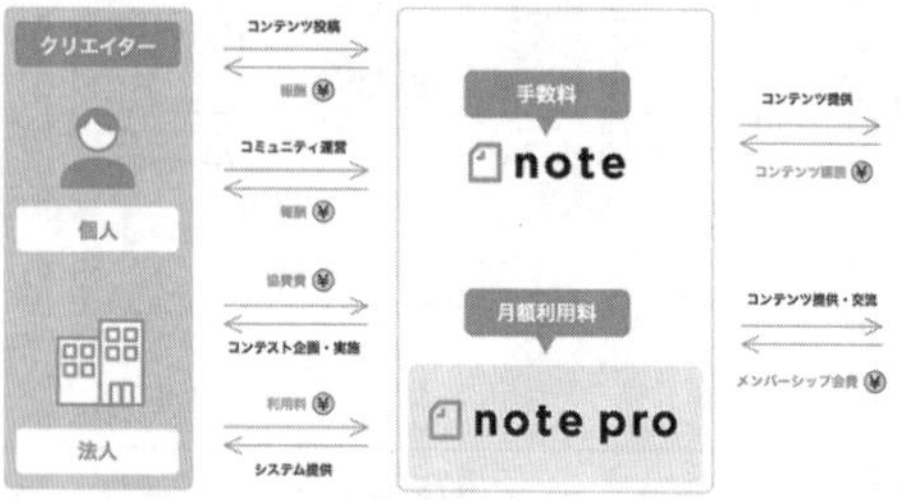

画像　noteのビジネスモデル（note提供）

双方向の関係作りを

②のnote proは、19年に開始した法人向けプラットフォームである。初期費用無料の月額5万円（税抜き）でオウンドメディアを始めることができ、企業の情報発信を支援する。

①との違いは個別サポートや契約企業向け勉強会の開催、独自ドメインやロゴの適用などがある。日経や石巻日日新聞、テレビ東京などのメディアも利用している。6300万MAUの「街」でサイトを開設すると集客がしやすくなる。

従来のマーケティングはなるべく多くの層に認知してもらい、徐々に好意形成、行動決定を促すという流れだった。一方、noteのアプローチはコアに発信者のメッセージがあり、それに共感した人がファンになり、ユーザーとなる。ともにメッセージを広げる仲間と捉えている。ネット上のクリエーターを取り込み双方向でコミュニティーを形成することこそ、今後あらゆる個人、企業、メディアが取り組むべきことだと考える。

（かとう・さだあき）

※編集部まとめ

◇

〈基調報告　2021年1月13日〉

表現の自由の理論がデジタル社会で直面する課題

慶応義塾大学　メディア・コミュニケーション研究所教授

鈴　木　秀　美

ユルゲン・ハーバーマスの『公共性の構造転換』は、1962年に刊行された。筆者が比較法研究の対象としているドイツでは、デジタル化が公共性に新たな構造転換をもたらしたと考えられている。具体的には、SNS上のいわゆるヘイトスピーチによるモラルの粗暴化、フェイクニュースによる世論操作、フィルターバブルによる公共性の断片化などが問題になっている。また、放送規制のあり方や法制度における記者の特別扱いなど、メディア法も再検討を迫られている（日本の議論について、鈴木秀美「デジタル時代の取材・報道の自由の行方」『法学研究』93巻12号79ページ以下参照）。

　このような状況は、多くの国にほぼ共通しており、グローバルな取り組みが必要になっている。問題解決のためには、IT技術によるエコシステム健全化のための対策が大きな意味をもつものの、法的対応も必要になる。

ドイツのSNS対策

　ドイツでは、原則として、従来からの法規制の枠組みがSNS対策に用いられている。連邦カルテル庁は2019年2月、フェイスブックによる個人データ収集がEU一般データ保護規則に違反しており、それが独禁法によって禁止された支配的地位の乱用にあたるとの決定を下して注目を集めた。20年6月、連邦通常裁も同旨の仮処分決定を下した。

　ただし例外的に、後述するSNS対策法が17年に制定されており、また20年には「メディア秩序の現代化のための州際協定」が成立した。この州際協定は、従来の放送規律に加えて、意見多様性の確保の観点から、検索サービスやSNSに対する差別禁止や透明性確保についての規律を新設した。

　連邦憲法裁は19年5月、ヘイトスピーチを理由とする排外主義的政党のフェイスブックのアカウント停止について、欧州議会選挙終了まで解除するよう命じた。連邦憲法裁は近年、私人間においても表現の自由や平等原則の効力を認める傾向を強めている。19年11月、グーグル検索結果削除請求について、いわゆる「忘れられる権利」との関係でも、放送局の表現の自由を重視する姿勢を示した（鈴木秀美「『忘れられる権利』と表現の自由・再論」『メディア・コミュニケーション』70号1ページ以下参照）。メルケル首相もツイッターによるトランプ大統領のアカウント永久凍結を、私企業独自の判断による表現規制としてやり過ぎだと批判した。

　SNS対策法（正式には「SNSにおける法執行を改善するための法律」）はSNS事業者に対して、刑法で禁止された表現について利用者の苦情を契機とする削除を義務づけた。主たるターゲットは、民衆扇動的表現（公共の秩序を乱すヘイトスピーチ）や名誉毀損《きそん》的表現である（単なる虚偽情報は削除義務の対象ではない）。とくにフェイスブック上の違法な投稿が立法の契機となった。

　ドイツで200万人以上の利用者がいるSNS事業者は、利用者からの苦情対象となった投稿が「明らかに違法」である場合は、苦情から24時間以内に削除しなければならない。SNS事業者は、18年1月から苦情受け付け体制を整備し、半年ごとに苦情の件数、削除した投稿の件数、削除の理由など詳細な報告書を作成し、公表しなければならない。

過剰な表現規制の歯止め

　ＳＮＳ対策法については、連邦司法庁による制裁を恐れて事業者が過剰に投稿を削除するのではないかという懸念があり、また、削除された投稿者の反論の機会がないことが問題視されている。ただし、これまでの運用をみると、削除件数は事前に懸念されたほどではなかったと報道されている。20年、ヘイトクライム対策として刑法やＳＮＳ対策法の規制強化のための改正法が成立した。しかし、連邦大統領が一部規定の合憲性に疑問を抱き署名を拒んだため、この法律は公布されていない。連邦政府は、21年に入りＥＵデジタルサービス法（ＤＳＡ）の草案も視野に入れつつ、次の立法を準備している。

　日本でもドイツＳＮＳ対策法が注目されているが、その背景には、設立以来、過剰な表現規制の歯止めとしての役割を果たしてきた連邦憲法裁の存在があることを見過ごしてはならない。

（すずき・ひでみ）

偽情報対策とプラットフォーム規制

東京大学　大学院法学政治学研究科教授　宍戸常寿

　表現の自由の理論がデジタル社会で直面する課題について、デジタルプラットフォーム（ＤＰＦ）への規制動向を中心に概観したい。

　一般にプラットフォームサービスには、両面市場とネットワーク効果の特性がある。成原慧・九大准教授の指摘によれば、ＤＰＦは①情報流通の媒介者②データの集積者③アーキテクチャーの設計者――として、グローバルなデジタル社会の中心的存在となった。日本でも、海外ＤＰＦ抜きで表現の自由は語れない。

各国とＤＰＦの攻防

　ＤＰＦに対して、ＥＵ及びその加盟国では、競争法・データ保護法等によるさまざまな規制が行われている。また２０２０年末に示されたデジタルサービス法案及びデジタル市場法案は、巨大ＤＰＦに対する包括的な規制パッケージを提案している。米国でもＧＡＦＡに対する競争法の適用や、通信品位法の見直しが進められ、中国でもアリババに対する競争法の手続きが開始されるなど、ネットの秩序形成を巡る各国とＤＰＦのせめぎ合いが激しくなっている。

　日本でのＤＰＦ規制の動向は次のとおりである。①20年個人情報保護法改正により、海外事業者に対する個人情報保護委員会の監督権限が強化された。②公正取引委員会は19年、ＤＰＦによる消費者の個人情報等の取得・利用が、優越的地位の乱用に該当しうるとの解釈を示した。③20年に成立した特定ＤＰＦ取引透明化法は、大規模な取引型ＤＰＦに対して、取引条件等の開示義務や自主的な手続き・体制の整備を求め、政府が運営状況をモニタリングする共同規制の手法を取り入れている。④デジタル市場競争本部は、デジタル市場・デジタル広告市場の競争評価を進め、ＤＰＦによる寡占傾向を指摘している。⑤消費者庁はＤＰＦ上のオンライン取引に関する消費者保護法案を21年通常国会に提出する見通しである。⑦20年電気通信事業法改正により、通信の秘密の保護が海外事業者にも及ぶことが明確化され、その確保について総務省の業務改善命令を裏打ちに共同規制的手法が採られた。

　ＤＰＦ上での表現規制に直接関わる最新の論点として、偽情報対策と誹謗《ひぼう》中傷対策がある。

　ネットでの偽情報に対して、ＤＰＦへの法規制で対処する国も見られる一方、政府による権限の乱用が懸念されている。総務省の研究会は20年、ネット利用者による偽情報の流通・拡散の日本での実態が明らかでないことや、表現の自由への萎縮効果に対する懸念から、民間での自主的な取り組みを求めている。現在、新聞協会もオブザーバーとして参加している、ディスインフォメーション対策フォーラムで、ＤＰＦや有識者の間で検討が進められている。

ＳＮＳ上の誹謗中傷に関しては、20年秋の総務省の政策パッケージが、リテラシー向上やＤＰＦの取り組みの透明化を求めている。発信者情報開示の手続きを迅速化するプロバイダ責任制限法改正案も21年国会に提出される予定である。

事業環境の変化見据えよ

右のとおり、ＤＰＦとその規制の動向を巡って、メディア環境は大きく変化している。その中で、日本では報道機関への信頼が高く、ネット上の偽情報対策への貢献も期待されていることが、総務省の世論調査からも示されている。取材・報道の自由を守り、時代に合わせてジャーナリズムを深化させることが、新聞に求められている。

そのためにも、思想の自由市場とデジタル市場が連動している現状を事業環境として正面から見据えねばならない。個人情報保護法制については官民の一元化、国と地方の共通化が進められるが、こうした情報流通に関する法制度の見直しが取材・報道に及ぼす影響に絶えず敏感であることも、求められる。

ＤＰＦの下で世論が不安定化する中で、専門的な問題を過度に単純化せずに適切に伝え、激しい対立のある論点について共通の基礎を作ることが、新聞には期待される。取材・編集・報道の自律的なプロセスを、ＤＰＦを含む多様なステークホルダーと適切に連携させるための、デジタル技術の活用や組織改革が必要になるだろう。

（しじど・じょうじ）

〈基調報告　2021年3月2日〉

デジタル社会における報道の役割

慶応義塾大学　メディア・コミュニケーション研究所教授
山　腰　修　三

デジタル社会における報道の役割やその意義を考える上では、ジャーナリズムの「危機診断」が重要となる。本稿では「ニュース文化」概念を手がかりにジャーナリズムの現代的危機とは何かを論じ、今後のジャーナリズムの可能性の手がかりを探ることにしたい。

ニュース文化とは、「解釈共同体としてのジャーナリズムのエートスを形成する共有された規範、価値、信念、期待、慣習、戦略、象徴体系、儀礼」を指す（『Key Words in News and Journalism Studies』参照）。つまり、ニュースの制作をめぐる日常的な実践（そこには取材、編集、他のニュースメディアも含めたニュースの参照、所属する組織や業界に関する知識などが含まれる）を通じて、ジャーナリストとしてのアイデンティティー、そして「ニュースとは何か」「ジャーナリズムとは何か」といった認識枠組みが共有されていることを説明する概念である。

ニュース文化に注目することで、今日のジャーナリズムの「危機」の一側面が明らかになる。すなわち、「ニュース」や「ジャーナリズム」に関する社会的な理解が揺らぎ、ニュースを専門的・組織的に制作する従来のジャーナリズム実践の正当性が危機に陥っているのである。トランプ現象に代表されるように、今日のメディア環境ではフェイクニュースが拡散し、他方で伝統的なニュースメディアに対する批判や攻撃が支持を集めている。こうした状況下で、「権力監視」や「批判」、あるいは日常的な取材というジャーナリズムの実践に社会的な理解が得られにくくなっている。

正当性回復に向けた戦略

この「危機」に対して、ファクトチェックやプラットフォームの規制、メディアリテラシーの向上といったメディア環境の変化に対応した処方せんがしばしば提起される。しかし、それらは対症療法に過ぎない。より根源的な「危機」の諸相を見据えたニュース文化の正当性の回復の戦略が求められている。

第1は、ニュース文化に多くのアクターが関わるようになっている事実を適切に認識することである。ソーシャルメディアが発達する中で、ニュース文化はもはやプロフェッショナルの独占物ではなくなった。むしろそれはジャーナリズムが産業化したこの一世紀ほどの間、たまたまそうであったに過ぎない。誰もが「ニュース」を制作・拡散・共有し、あるいは「ニュース」や「ジャーナリズム」を意味づけ、批評できるようになったのだ。この点において、ニュースの制作やジャーナリズムのあり方をめぐるニュース文化は「コモンズ＝公共財」としての役割を果たしうるのである。

第2はニュース文化の「公共性」を高めることである。ニュース文化は質の高いニュースを社会に提供することで社会の問題解決や民主主義文化の発展に寄与するという公共性を有する。ニュース文化の「危機」とはこうした公共性が失われつつあることを意味するが、それは「ニュースの娯楽化」のようなニュースメディア自身の問題に留まらない。新自由主義の台頭によって社会のあらゆる領域が企業経営や市場の論理に覆われ、公共性の領域が狭められてきたという「ポストデモクラシー」状況の進展とも関わっている。したがって、この問題の解決のためには、新自由主義のヘゲモニーが作り上げた「ポストデモクラシー」状況を乗り越える幅広いプロジェクトの一環にニュース文化の正当性の回復を位置づけることが重要である。

ニュース文化の再構成

第3に、右記の2点を踏まえつつ、プロフェッショナルが主導する形で例えば次のようなニュース文化の再構成に取り組むことである。

「良いジャーナリズム」の社会的共有＝ニュース文化における「良い」ニュースやジャーナリズムをめぐる評価軸や「審美眼」を社会の中で共有することが重要である。例えばニュースメディア同士が相互に評価し、良いものを他社のニュースでも紹介する慣習をとくにネット空間で定着させるという手法が考えられる。そこで重要なのは、なぜそれが良いのかを社会に向けて説明することである。

ニュース制作の新たな協働＝「コモンズ」としてのニュース文化という観点から、現在ニュース組織間で広がりつつある協働をより幅広く、外部の人々や組織との連携へと拡張させることが求められる。それを通じてニュースメディアの組織や業界の論理を超えた、新たなジャーナリズムのあり方を構想することが期待される。

民主主義的コミュニケーションの模範の提示＝ニュース文化における「批判」「対話」「説明」「他者の声を聴くこと」の価値を高めていくことは民主主義文化の深化につながる。それが社会全体の公共性を回復させ、結果的にニュース文化の正当性を回復させることになる。

そしてこれらのニュース文化の公共性を高めていくうえで依然として多くの資源を持つ伝統的なニュースメディア、とくに新聞は中心的な役割を果たすことが求められるのである。

（やまこし・しゅうぞう）

〈基調報告　2021年8月26日〉

公共的役割を果たすためのエコシステム構築

――報道産業の課題とテクノロジー

ＪＸ通信社　代表取締役社長　米重克洋

今は、マスメディアだけでなく市民、消費者が自ら発信する多メディア化の時代だ。これには、やはり「光」と「影」がある。

光の代表格は、ツイッターやユーチューブ、ティックトック等に代表されるＵＧＣ（User Generated Contents＝ユーザー投稿型コンテンツ）の拡大だ。スマートデバイスの普及と、それに伴うメディア接触時間の増加により発生した消費者のコンテンツ需要を、消費者自身の発信（供給）で埋める格好になっている。また、それに付随して生じる消費者の行動などを可視化するビッグデータの活用も、企業の効率的なマーケティング活動や消費者の豊かなコンテンツ消費を支える光と言ってよさそうだ。

一方で、やはり光には影がつきものである。社会問題化してきたデマ、フェイクニュースの課題がその代表例だ。ＵＧＣに端を発するデマが、プラットフォームの拡散力に乗って、結果、実際の選挙結果に影響を及ぼしたり、コロナ、ワクチンに関連して公衆衛生上の問題を引き起こしたりするような事態にもつながっている。メディアといえば「四マス」しかなかった時代には、ほとんど起き得なかったことが今頻繁に起きている。

本来は、こうした問題に対する最大のソリューションであるべきなのが、組織ジャーナリズムだ。しかし、組織ジャーナリズムはその労働集約的で重たいコスト構造ゆえに、事業として成立させるには非常に大きな収入を伴う必要がある。かつ「1対ｎ」で同じ内容を多数の人に発信するマスメディアとしての構造ゆえに、限られた紙面、尺の中で報道価値の高い情報のみを取り扱わざるを得ないという制約もある。結果、組織ジャーナリズムは、無数の発信者から無尽蔵にあふれ出てくるデマ、フェイクニュースの類に十分対抗できていないのが現状だ。

それだけでなく、報道産業は持続可能性を問われる深刻な状況に直面している。労働集約型ゆえにコストと働き方の課題に直面しているだけでなく、デジタルシフトが遅れて流通と収益を奪われた。そして、そんな状況の中で更に競争相手が増えて、質や付加価値、つまり競争優位性を問われるような状況になっている。

これら報道産業が直面する構造不況の課題は、相互に作用して「負のスパイラル」となっている。組織ジャーナリズム、そして報道産業を持続可能たらしめるには、この負のスパイラルを逆回転させて「正のスパイラル」にする必要がある。そして、その手段は結局、テクノロジーしかない。

光生かし影を打ち消す

筆者の経営するＪＸ通信社は、こうした報道産業の構造問題を解決する「新しい報道機関」としてのあり方を目指しているベンチャーだ。記者を大勢抱えるといった人海戦術のアプローチではなく、テックドリブンで報道機関の「情報のライフライン」としての機能をどこまで再現できるか、また、それをビジネスとしてスケールさせられるかを考え、取り組んでいる。

言い換えると、消費者が発信する時代の光の部分を生かすとともに、影の部分を打ち消すニュースサービスの構築を目指している。例えば、ＳＮＳをはじめとしたビッグデータから災害、事故、事件などのリスク情報をＡＩで収集する「FASTALERT」は今や全国の大半の報道機関に普及しているが、これは光を生かす意図で開発したものだ。また、電話調査のコスト問題を解決して正確なデータに基づく選挙報道を守るべく開発した情勢調査のソリューション、そして一般消費者にいち早く、正確なニュース速報を届ける「NewsDigest」などは影を打ち消す意図で開発し、育てている事業である。

収益の最大化に向けて

いずれも、ビッグデータやテクノロジーの活用で抜本的にコストを下げて、報道産業、そして組織ジャーナリズムの維持に必要な収益を最大化するための取り組みだ。コロナ禍で新聞購読者数の落ち込みがより顕著になるなど、状況の変化はとかく早い。残された時間的猶予はないと感じているが、今後も報道機関と連帯して、より急速に、かつ果敢にこうした挑戦を続けていきたい。

（よねしげ・かつひろ）

公共的役割を果たすためのエコシステム構築
——ジャーナリズムと「エンゲージメント」

ジャーナリスト／メディアコラボ 代表 古田大輔

世界で最も高名な投資家ウォーレン・バフェットは、かつてこう言った。「一つの街に一つの新聞。これ以上に素晴らしいビジネスなんて、ちょっと思いつかないね」。新聞社が高い売上を上げてきたのは、情報を独占・寡占してきたからだ。かつては公共性が高いから売上が高く、今は低いから落ちたというわけではない。

インターネットによって情報の流通量は激増し、マスメディアによる独占は崩壊した。それは「情報の民主化」でもあり、多くのネットユーザーが歓迎した。残念ながら（特に日本の）新聞業界は変化に乗り遅れ、虎の子の部数と共に売上も急減した。

ジャーナリズムへ投資

米アマゾン創設者のジェフ・ベゾスはワシントン・ポストを買収してデジタル改革に乗り出す際に幹部にこう語った。「君たちはインターネットから痛みを受け取っているのに、ギフトを受け取らないのはなぜなんだ？」。その後、デジタル改革に成功し、ニューヨーク・タイムズ（ＮＹＴ）などとともに、いまやデジタルメディアのトップブランドの一つになった。

やることはシンプルだ。市場占有率が高く、売上の大部分を占めるが将来性は低い紙部門が衰退する前に、将来性はあるが売上の低いデジタル部門に投資して成長させる。どの企業でも実践するプロダクト・ポートフォリオ・マネジメント（ＰＰＭ）を遂行することだ。

ＮＹＴを見てみる。ＢＢＣからＣＥＯとしてやってきたマーク・トンプソンは「ＮＹＴは新聞紙ではない」と自己定義し、デジタルメディア路線を打ち出した。やったことはジャーナリズムへの集中投資だ。報道部門以外の事業を切り離し、浮いた予算で記者からエンジニアまで最高の人材を業界から集め、最高のデジタルコンテンツ制作・配信体制をつくった。その結果、デジタル課金読者は激増し、昨年にはついにデジタル収入が紙の収入を上回った。一方、紙を捨てたわけではない。購読者数で言えば、デジタル版５００万超に対し、紙読者は80万にとどまるが、売上面ではいまも柱の一つとして機能している。見事なＰＰＭと言える。

こういう話をすると「それはＮＹＴだから」「英語は市場が大きいから」という声も聞こえる。しかし、世界には課金読者を伸ばす新聞社が次々と現れ、その成功モデルは広く共有されている。例えば、グーグルニュースイニシアティブも協力したリポート「Towards your North

Star（あなたの北極星を目指せ）」は、デジタル版成長に向けた目標設定や実践の方法について、欧州各社の事例を豊富に紹介している。

エンゲージメントが鍵

成長の鍵となるのが「エンゲージメント」だ。日本語に言い換えると、読者とどれだけ深い関係性を結べるかだと言える。デジタル時代の強みは、たんに記事が何回クリックされたかを示すページビューだけでなく、どれだけの割合でクリックされたか、どれだけ長く読まれたか、他の記事も読んでくれたか、どういう属性の人が読んだか、シェアはしてくれたか、などさまざまな指標で読者との関係性を測れることだ。分析と改善のサイクルをつくれたメディアは、世界中で成長している。

8月に出版された「The Elements of Journalism（ジャーナリズムの構成要素）」第4版は冒頭でこう指摘する。「危機の中心は、ジャーナリズムの目的が明確でないことだ。ジャーナリズムを実践する人々やそれを受け取る人々が、ジャーナリズムの目的を理解しておらず、ジャーナリズムを政治的な主張やプロパガンダと区別できず、オピニオン商売を報道と区別できず、検証の規律や情熱的でオープンな調査報道の必要性を理解していないとしたら、危機にひんしているのはジャーナリズムではない。民主主義だ」

バフェットが称賛した新聞のビジネスモデルは壊れた。しかし、世界中の事例が示すようにジャーナリズムの価値は下がっていない。フェイクニュース問題によって、逆説的に情報の価値は高まった。信頼され、役に立つ情報を発信すること。信頼に足ると信じてもらえるエンゲージメント。それがエコシステムの基礎になる。

（ふるた・だいすけ）

〈基調報告　2021年9月8日〉

デジタル時代におけるローカルメディアのエコシステム

西日本新聞社　編集局クロスメディア報道部　福間慎一

小難しい、偉そう、どこも大差ない、遅い、高い、面白くない、マスゴミ――。会社のインターンシップではいつも冒頭で、記者志望の学生のみなさんに「新聞がよく言われる悪口」を紹介する。そして「本当は違うが、このままではこうなってしまうかも」と強調している。

こんなことをわざわざ言うのには理由がある。読者が新聞から離れたのではなく、新聞が読者から離れてしまったのかもということを常に自戒したいし、業界を目指す学生たちにも意識してほしいからだ。

読者に限らず、生活者と新聞の関係を結び直そうとスタートしたのが、疑問や困っていることを受け付け、取材でこたえる「あなたの特命取材班（あな特）」だった。２０１８年に始まり、約７５０本の記事を掲載した。

記者の存在を見える化

読者の投稿をもとに取材することは何も目新しいことではない。１９９０年代の当紙には社会部に専用電話回線を引いた企画「社会部１１０番」があり、60年代には郵便で投書を受け付ける「それはこうです」というワッペンもあった。ただテクノロジーの発達が「双方向」を進化させている。無料通信アプリなどを使うあな特を通して、新聞とユーザーの間に新しいコミュニティーが生まれつつある。

あな特は、課題や疑問を解決して地域や暮らしが良くなることを目指す。その過程や結果を通して「新聞っていいね」「まだ捨てたもんじゃない」という声を広げ、当紙のファンを増やしたいと思っている。
教員、医療従事者、保育士、母親、高校生……情報提供者は多様だ。課題や問題について自分なりに調査したり、行政に働きかけたりした人もいる。そこに新聞が歩調を合わせることで、前進するケースは少なくない。こうした方々は単なる取材依頼者を超えて、継続的な情報提供者になり、記者や新聞を応援する存在にもなりえる。

9月、象徴的なケースが続いた。一つ目は、同僚記者が書いた福岡県管理の河川工事の不備。近所の元土木技師の男性（70）が散歩中に護岸の亀裂を発見、県に何度も問い合わせたが動きがなかったため、あな特に連絡した。記者が一緒に県に情報公開請求をして、識者に話を聞きに行く「伴走取材」となり、最終的に県は問題を認めた。

別の同僚は、福岡市内の歩道で500メートルにわたる家具などの不法投棄に心を痛める住民の声を受け市に再三取材。市が撤去に動いた状況まで報じると、投稿者から「どこに問い合わせたらいいのか分からなかった」と感謝が寄せられた。

報道機関や記者を十把ひとからげにさげすむ「マスゴミ」という言葉の根っこには、私たち記者が何を目指し、何をしているのかが見えない現状があるのではないか。「見えない」は不安を招き、不信に発展し、最終的には嫌悪に――そんな構図がのぞく。逆に私たちが「見える」存在なら、それは安心や信頼をもたらし、もしかすると声援を送ってくれるかもしれない。

取材の過程を可視化しながら疑問や困りごとにこたえる「オンデマンド調査報道」が果たす役割は小さくない。私たちは昨年1～2月、LINEのフォロワー（あな特通信員）にアンケートを実施し、約1400人から回答を得た。通信員でいてくれる理由の最多は「困りごとや疑問に思うことができたときに相談したいから」。多くの人が、新聞を暮らしの安心材料として捉えてくれていた。

ただ、これまでに寄せられた依頼は約1万7千件。日々の行政や警察への取材、連載の準備などに奔走する中で私たちは依頼の全てには到底こたえきれていない。それでもなぜ見限られないのか。「あなたにとって『あな特』とは」との質問に群を抜いて多かった回答は「社会参加」だった。個人が自由に発信できる時代でも、新聞は「社会の窓」として期待されているのだ。

読者と関係を結び直す

業界内からは、あな特の部数への貢献について尋ねられることも多い。残念ながら紙の部数が増えたことはないし、今後上向きになることもないだろう。購読が当たり前という恵まれた時代が終わったことだけは、はっきりしている。

当紙も含め多くの新聞社がデジタルのサブスクリプションに取り組んでいる。料金や便利な機能のアピールはもちろん大切だが、まず読者との関係を結び直し、新聞が地域や暮らしに必要な理由を示さなければならない。ジャーナリズム存続のための「寄付」のような感覚で課金してもらえるか。ひいては報道が「インフラ」と認めてもらえるかが、最終的にサブスクの成否を左右するのではないか。

ただ気をつけたいことがある。「デジタルでは『共感』を得ることが大事」とよく言われるが、共感の裏側には反感がある。共感稼ぎに傾注しすぎると、社会の分断を助長しかねない。

メディアは集団を囲い込むのではなく「つなぐ」存在のはず。右でも左でもなく、下（足元の暮らし）から――。地方発の挑戦は、まだ緒に就いたばかりだ。

（ふくま・しんいち）

〈基調報告　２０２１年10月28日〉

エンゲージメントとニューメディア

ニューズピックス　執行役員編集長　池田光史

「銀行業は必要だが、銀行である必要はない」

かつてマイクロソフト創業者のビル・ゲイツはそう述べた。１９９４年のことである。

同じことがメディアにも言える。メディア業は必要だが、今のメディア企業である必要はない――他業界で起きているこうしたパラダイムシフトを、メディア自身も直視してきたのがこの10年だった。

何しろ、グーグルやフェイスブック、ツイッター、あるいはスマートニュースといったニュースアグリゲーターたちが続々参戦し、新たなニュース体験価値を生み出してきたからだ。様々な調査が明らかにしている通り、今やＳＮＳやニュースアプリを介して情報を消費するのが主流だ。

こうした変革期は、ユーザーにとっての価値をゼロから見直すチャンスでもある。２０１３年にサービスをローンチし、14年から独自記事を制作する編集部を構えたニューズピックスも、そんなチャンスを見逃さなかった。

現在、総会員数約６６３万人、有料会員（法人＋個人）約17・7万人（２０２１年9月現在）。ここまでの成長の要因は、大きく三つあると思っている。

①人々の価値観やライフスタイルの変化に真面目に向き合ったスマホファースト、②ページビューを稼ぐ無料メディア（広告モデル）に未来を見出さず、有料課金モデル（現在ではサブスクリプションというワードに取って代わった）に早くから挑んだこと、そして③複数の視点でニュースを俯瞰《ふかん》できること。要は、質の高いユーザーたちのコメントが集まる体験設計だ。

健全なコメント空間を

そうした中、近年ニューズピックスが特に注目されるのが、③コメント空間だろう。

というのも、この1年で日本経済新聞や朝日新聞も記者以外が記事にコメントをする新機能を立て続けにローンチしたし、最近では月刊文藝春秋が「ニューズピックスのような言論空間を作る」と公言していたりする。

当社自身が実施した最新のユーザー調査でも、確かにニューズピックスを使う理由に「コメントで色々な人の意見を知ることができるから」を挙げる人は69％と最も多い。

なぜそのような空間ができたのか。良質なコメント空間のための施策は多岐に渡るが、一つ挙げるとすれば、16年に「実名制」に踏み切ったのは大きかったように思う。当時、創業者の梅田優祐はこう述べている。

「ニューズピックスのコメント欄は建設的であり続けたいと願っています。自由なコメント欄を守るためにも一定の責任が伴う場でありたい」

もっとも、メディアにおいてユーザーのエンゲージメントが高い状態とは、すなわち多様なコメントが集まることだけを意味しているのではない。

エンゲージメントと一口にいっても、定義は実に難しい。辞書的には「顧客との結びつきを強めること」などとされるが、サービス毎に指標は異なるのが実態だ。その意味で最近、ホットなケーススタディを世に提供したのがフェイスブックだろう。

米ワシントン・ポスト（21年10月15日）によれば、フェイスブックではエンゲージメントを「ユーザーの滞在時間の最大化」と定義していたという。その結果、ユーザーの中毒性とニュースの偏食を生み出し、批判の大合唱に晒されているというわけだ。

　これに対しニューズピックスでは、エンゲージメントを追うチームは社内に存在するが、滞在時間の最大化は追っていない。いわば「健康診断」のように複数の指標を用い、ユーザーの熱量と習慣化という視点で、サービスのヘルシーな状態を常に計測しているというのが実態に近い。

　また、フェイスブックのような数理モデルとアルゴリズムを駆使したパーソナライズについても、フィルターバブルなどを懸念し、これまでも慎重な姿勢で取り組んできている。これについてはスマートニュースも同じ考え方をしている（ニューズピックス、21年11月8日）。

創造と集中の時間を生む

　わずか20年前まで、インターネットにつながっていたのは世界人口の約8％に過ぎなかった。それが今や、50％以上が常時接続される時代だ。

　かくして人間が追いつかないほどの情報量とスピードアップをもたらした、というのが筆者の現状認識だ。逆にいえば、これまで以上に人は「時間」を求め、「時間」の価値は上がってゆくと思われる。

　そうした中、ニューズピックスが実現したいのは、サービスの滞在時間を増やすことではない。信頼できる専門家たちの知見を共有してゆくことで、むしろ情報収集というルーティンの時間を減らしていきたいのだ。その上で、創造的な問題解決や、意思決定に集中できる時間を生み出してゆく。

　もっとも、新しいメディアを創るとは、短期で走り抜けて実現できるようなものではない。長い時間軸で捉え、社会の土台となるようなサービスを作っていきたい。


（いけだ・みつふみ）

〈基調報告　２０２１年11月30日〉

ネット空間における新聞情報の正確性

読売新聞東京本社　メディア局専門委員　松　井　　正

　面白ければウソでもいい……のだろうか。ネット空間は今、ニュースのような顔をした偽情報であふれている。命や健康に関わる行動選択で、判断材料となるかもしれないニュースが、おろそかに扱われているのだ。

　新聞は長年、正確な情報を掲載するため、デスクや校閲記者が記事を何重にもチェックしてきた。読売新聞も苦い経験を経て、誤報を防ぐための組織を立ち上げている。新聞社の営みに、光を当てる時かもしれない。その一例として、決して平坦ではなかった、当社での経緯や現況などを紹介したい。

誤報を教訓に記者塾新設

　２０１２年10月11日、読売は朝刊1面トップの報道で、大きな傷を負った。米大学日本人研究者の虚偽説明を基に、「iPS心筋を移植／初の臨床応用」と誤報したのだ。この年は他にも、情報源の特定につながりかねない取材メモの誤送信（8月）や、連続遺体遺棄事件の被告顔写真取り違え（10月）など、編集上のミスが重なった。

　この反省に立ち、記者の質を高めることの重要性を改めて認識。段階的かつ継続的な記者教育の導入を決め、13年4月に記者教育実行委員会、通称「記者塾」を編集局に新設した。

　編集局長を実行委員長に、プログラム作りや日程調整などの実務を事務局の5人が担う。入社1～4年目の年次別研修のほか、赴任前の支局長やデスクらベテラン記者も対象に、毎月のように研修が開かれる。新人は1か月半、入社3年目も社会部での3日間の取材研修などが組まれ、内容は濃密だ。

大きな目的は、取材の心構えやスキルなど、記者としての「背骨」を作ることだ。だが、ネット空間では記者の一挙手一投足が見られている。千葉県の殺人事件では、取材を断られた通信社記者が民家の壁を蹴る動画がツイッターで共有され、批判を浴びた。研修では、誠実な取材姿勢や心構えを伝える。

先輩や同僚の体験は特に貴重だ。昨年7月の熱海土石流被害では、ツイッターで動画提供を呼びかけた読売女性記者のメッセージが、好意的な反響を呼んだ。「衝撃的な災害でショックを受けていらっしゃるところ、このような連絡で申し訳ございません」。被災者に心を配った文面を、貴重な教材とした。

安藤弘樹・記者塾事務局長は「ネット情報だけで記事を書くことの危険性、実名を出すことの意味など、事実を積み重ねる大切さを教えている。同時に、LINEなどネットツールの活用も避けては通れず、記者教育の重要性を感じている」と語った。

第三者的組織が事前審査

もう一つ重要なのが、誤報を出さないチェック体制だ。14年12月、編集局に「適正報道委員会」が新たに設置された。掲載前の記事を、第三者的な立場から審査する専門組織で、業界でもあまり例がないようだ。

この背景には、記事が取り消された朝日新聞「吉田調書報道」も関わる。同紙が公表した検証結果では、調書を入手した一部記者が過度の秘密主義に陥り、事前チェックが機能しなかったと指摘された。誤報を未然に防ぐには、公平な立場からの事前の意見が必要だと示唆していた。

委員会はベテラン記者4人で構成。独自の取材、調査などによる重要な記事について、編集局各部の部長以上の依頼で、審査を始める。

委員会は担当記者やデスクから、取材経緯や内容を詳しく聞き取り、関係書類を精査する。裏付けは十分か、事実の評価は妥当か……。多方面から検討し、委員会の了承を得てようやく記事は世に出る。「事前検閲」ではなく、あくまで各部の要請で、審査は行われる。

どの記事が審査されたかは公表されないが、初年度には「群馬大病院での腹腔鏡《ふくくうきょう》手術をめぐる特報」（15年度新聞協会賞受賞）などが、事実関係を入念にチェックされた。これまでに約300本が審査され、記事化後の訂正は1本もないという。

小松夏樹・適正報道委員会委員長は「ネット上では被害者への誹謗《ひぼう》中傷が起きやすく、時には本紙記事を悪用した人権侵害も起きうる。そうした事態を意識した対応も求められ、ネット上では匿名を選択することもある。一方、安易な匿名化は事実をおろそかにしかねず、誇張が生じる危険性もある」と話す。

連載で偽情報の影響示す

実は「フェイクニュース」という言葉は、トランプ前米大統領がメディアのレッテル貼りに多用したこともあり、世界的には使われなくなっている。代わりに用いられるのが、①「偽情報」（ディスインフォメーション）＝人をあざむく目的で拡散する情報②「誤情報」（ミスインフォメーション）＝意図せず流す誤った情報――という言葉だ。新聞の誤報の多くは②だが、ネットで今問題なのは圧倒的に①だ。

偽情報対策で、リテラシー教育とともに注目されるのが、真偽を検証する「ファクトチェック」だ。既に実践する社もあるが、新聞の果たすべき役割かどうかで議論もあるため、読売はまだ本格的には取り組んでいない。

その代わりに、偽情報の実態を徹底取材して問題提起する記事を展開している。その一つが、大阪社会部が中心に手がける連載「虚実のはざま」だ。偽情報が社会を分断する現状に迫り、その背景や対策を提示。21年1月の第1部「海越える拡散」から、第5部「『解』を探る」を経て、今も続く長期連載となっている。

「夫がユーチューブにはまり、『トランプが最後は逆転する』と言って聞かなかった。でも、読売の連載記事で少し目が覚めたようだ」と反響は大きい。デスクの中沢直紀・大阪社会部次長は「ファクトチェックは重要だが、正しい情報を伝えるだけでは限界もある。デマが広がる背景や構造、心理のワナを伝え、読者に免疫をつけてもらう方向性が必要では」と語る。

慶大院の山本龍彦教授は、プラットフォーム企業が支配する情報空間を、人々の関心や消費時間が価値として流通する経済圏「アテンション・エコノミー」と捉えて警鐘を鳴らす。情報の質より、注目を集めることが重視される世界だ。

そこでは閲覧数を求めて刺激的な見出し競争が起きるため、新聞は不利な立場に置かれる。メディアとして責任を負い、公共性を第一に情報発信する新聞が、ネットメディアに対抗して見出し競争や「コタツ記事」に流れることは許されない。公共性に期待してくれている読者を裏切ることになるからだ。

研究会では識者から、「情報の正確性を守る新聞社の取り組みを、もっと発信・共有すべきでは」との指摘があった。機微に触れる内容は多いが、必要な時かもしれない。真実に迫ろうとする新聞情報が、偽情報に駆逐されてしまう前に。

（まつい・ただし）

〈基調報告　2021年12月14日〉

新聞と市民との対話、説明責任

朝日新聞社　ジャーナリスト学校長
（前パブリックエディター）
山之上　玲子

誰のために新聞はあるのか。新聞社の中で尋ねたら、「読者のため」「市民のため」という答えが多く返ってくるだろう。

では、街を歩く人に同じ問いを投げかけたら？　「そもそも新聞なんていらないよ」と首を振る人が少なからずいるに違いない。

ネットの情報さえあれば暮らしていける。新聞がなくても困らない。そんな声の背景には、もちろんデジタルの波がある。

でも、新聞が身近な存在でなくなった理由を時代のせいだけにできるのか。新聞の側も作り手の常識にとらわれて、読む人をどこかで置き去りにしてはこなかったか。

そんな思いを私自身が強めたのは、朝日新聞社で「パブリックエディター」という仕事にかかわったことが大きい。

多くの方にとっては、聞き慣れない名前だろう。

発足は2015年春にさかのぼる。その前年、朝日新聞社は福島第一原発事故をめぐる報道で記事を取り消すなど手痛い失敗を重ねた。「自ら伝えたい思いにとらわれるあまり、社外の意見・批判に虚心に耳を傾ける姿勢をおろそかにした」という当時の総括は、社員にとって苦く、重い教訓となった。失った信頼を取り戻そうと新たにつくったのが、このしくみである。

読者の声で報道を再点検

パブリックエディターの役割をひとことで言えば、読者の声を手がかりに、朝日新聞の報道を点検していく試みだ。

顔ぶれは、有識者の方3人に

社員1人を加えた計4人。いまは作家の高村薫さん、慶大教授の山本龍彦さん、福島県在住の地域活動家・小松理虔さんを外部から招いている。

取り組んでみると、この仕事はなかなか忙しい。

新聞社には毎日、たくさんの電話やメールが寄せられる。「読みごたえのある連載だ」といったお褒めの言葉もあれば、「朝日の姿勢が気に入らない」などの苦言も届く。新聞をとっていない方からの電話も珍しくない。ネット上にもさまざまな書き込みがあふれている。

そんな幅広い意見に、パブリックエディターは毎日目を通す。そのうえで朝日新聞の報道に目をこらし、気づいた点を編集部門に伝えるのが仕事だ。

意見交換のための会議に、4人のパブリックエディターは、ほぼ毎週参加している。その場には取材を引っ張る編集局の幹部やデスクも出席。記事をめぐって毎回約2時間、たっぷりと議論をする。

重視するのは報道のプロの目線ではなく、あくまでも市民の視点、読者の立場だ。

「世間の関心が高いニュースなのに、朝日はなぜ報じないのか」「読者から寄せられたこの指摘は重要」

読み手の立場から発言し、疑問があれば説明を求める。丁々発止の議論から、今後へのヒントが得られることもある。

「報道内容を検証する第三者機関」にあたるものは、多くの新聞社にあるだろう。朝日新聞社のパブリックエディターが特徴的なのは、「読者の代表」として見解を伝えることに徹底してこだわっている点だ。

さらにもう一つの特徴が、編集幹部と意見をかわす機会の多さだ。ほぼ週1回のペースで開く会議の場は、発足以来、すでに220回を超えた。

外の目で常に見られていることは社内に緊張感を生む。「年に何度か開く審議会」との違いは大きいと思っている。

社の等身大の姿を見せる

私が社員としてパブリックエディターを務めたのは、昨年度までの2年9か月。その間に目を通した読者のご意見は、いったい何通にのぼるだろうか。

寄せられる指摘は宝の山だ。あらためて気付くこともたくさんある。たとえば新聞が敬遠される理由も浮かんでくる。

「専門用語やカタカナの言葉が多すぎる。辞書を引かなければ文章の意味がわからない」

「過去の報道をすべて読んでいる前提で記事を書かれては困る。連続ドラマを途中から見てもついていけないのと同じ」

つまり新聞記事は不親切で、読みにくい、というのだ。

短い行数におさめるために、わかりやすさが少しぐらい後回しになってもしかたがない。ニュースを届ける側のそんな都合を、私たちは読み手に押しつけてきたのではないか。

社外のパブリックエディターから繰り返し伝えられた言葉も、長年にわたる新聞社の流儀をゆさぶるものだった。

「記者の顔が見えない」

「会社の顔が見えない」

「新聞社はもっと自己開示すべきだ」

たとえば企業の長時間労働が話題になったとき。「他社の話ばかりを書いていて、朝日の記者の働き方に触れていない。朝日新聞が自分の問題としてとら

オピニオン＆フォーラム

読者と朝日新聞をつなぐ

新パブリックエディターに3氏

言葉の弱体化 とどめる役割

高村 薫さん 作家

デジタル社会 どう向き合う

山本龍彦さん 慶応大教授

「共事者」にも視線を広げて

小松理虔さん 地域活動家

新聞と読者の橋渡し役

パブリックエディターが交代した時の紹介記事
(朝日新聞2020年3月27日付朝刊)

えているようには見えない」

テレビ局記者に対する財務省幹部のセクハラが問題になった時もしかり。「朝日の女性記者の取材環境はどうなのか」

自分たちの話を記事にすることに、朝日新聞はこれまで慎重になりがちだった。パブリックエディターに背中を押されるようにして、社内の現状に踏み込む記事をいくつか掲載した。

おっかなびっくりだったかもしれないが、「新聞社の悩みがわかった」と読者の評判は悪くなかった。等身大の朝日新聞の顔が少し、読者にも見えたのかもしれない。

報道機関が自分を語らずにいると、何かを隠しているように映る。ときに本音も明かして自らの姿を見せなければ、本当に世の中から信用されなくなる。パブリックエディターが「外の目」で伝えてくれたのは、そんな危機感だったと思う。

いまは新聞社の名前さえあれば、無条件で信頼してもらえる時代ではなくなっている。高いところから偉そうに書いているだけ。そう思われてしまったら、読者の心に響かない。

SNS、ポッドキャスト、オンラインイベント。新聞社と市民がつながる手法は急速に広がっている。一方で巨大なデジタル空間のなか、考え方が違う人たちが容易に分断されてしまう難しい時代にもなっている。

だからこそ、新聞と社会がつながる窓を広く開けておきたい。パブリックエディター制度も取り組みの途上だ。

新聞と市民との対話はゴールではなく、出発点にすぎない。問われるのはその先に何が生まれるか。信頼をどう築くことができるか。

市民の声を報道に生かす試みは、そこから始まる。

（やまのうえ・れいこ）

〈基調報告　2022年2月9日〉

社会を再構築する役割とは

毎日新聞東京本社　デジタル報道センター長　日下部　聡

インターネットの登場でメディア状況は劇的に変わり、いまや全ての人が発信者になったといっていい。それは同時に、フィルターバブルや虚偽情報の拡散、そしてニュースメディアへの不信をもたらす要因にもなっている。本研究会でのそうした議論を前提とし、ニュースを発信する現場にいる者として考えてきたことを二つ提示したい。

情報の渦で玉を見分ける

一つは「ゲートキーパー」意識からの脱却である。

新聞の伝統的な取材・報道の仕組みは官庁、政治家、企業などに記者が張りつき、そこで得られた情報の中からニュース価値のあるものを選んで読者に伝えるというものだ。つまり社会に流れる情報のゲートキーパーとしての役割を担っていた。

しかし、今や新聞も無数にいる情報発信者の一つに過ぎない。その中で求められる役割の一つは、玉石混交の情報の渦から石を見分け、玉を取り出していくことではないだろうか。

そうした問題意識のもとに、私たちは2020年9月にファクトチェック報道を本格的に始め、60本以上の記事を出してきた。政治家など影響力のある人物の発言や、匿名のアカウントが発信してネット上に拡散した投稿などの真偽を取材でチェックし「虚偽」から「正確」まで7段階で判定する。

ウェブ記事の特徴は、配信から時間がたっても検索で再浮上する可能性があることだ。繰り返されるデマへの対策として、ファクトチェック記事を一種の

「ストック」として蓄積したいと考えている。

ただ、根源的な問題がある。私たちがファクトチェックを発信しても信用されるのか。本当に読んでほしい人に届いているのか、ということだ。本研究会第6回で慶大メディア・コミュニケーション研究所の山腰修三教授は次のように指摘している。

「フェイクニュースが拡散し、他方で伝統的なニュースメディアに対する批判や攻撃が支持を集めている。こうした状況下で、『権力監視』や『批判』、あるいは日常的な取材というジャーナリズムの実践に社会的な理解が得られにくくなっている」

「新聞研究」22年1－2月号（№841）に掲載された小川明子・名大准教授の論考「権力監視の意義を説く教育の空白」は興味深かった。

高校の「現代社会」「政治・経済」の教科書13冊を小川さんが調べたところ、「ジャーナリズム」という用語は2か所しか見つからず、多くの教科書では「マスメディア」と総称されていた。過度な商業主義やセンセーショナリズム、プライバシー侵害などへの批判がより大きく併記され「全体として監視すべき対象が権力ではなくマスメディアに向いている印象を受ける」と、小川さんは指摘している。

学習指導要領の改定で22年4月から高校の現代社会は「公共」として、主権者教育に重点を置いた内容になる。社会や政治に主体的にかかわる力を育てるという目的は素晴らしい。

であればこそ、この状況下で私たちに求められているのは、メディアやジャーナリズムが担っている公共的な役割を、未来を担う世代に一から分かってもらうための努力ではないだろうか。それが、もう一つの提案である。

情報の受け手としてのリテラシーだけではなく、情報の形成プロセスを体験してもらう。要は、自分で調べて表現してみるということだ。事実を見極めるのはそう簡単ではないことが分かるだろう。メディアへの認識も変わってくるかもしれない。

doing journalismの試み

ヒントになったのは東京経済大の松永智子准教授に聞いた「doing journalism」という言葉だ。松永さんはこう語る。

「学生たちは『マスコミは偏っているといわれる』とか、受動態の表現を多用します。SNSでやりとりされる『らしいよ』という情報に囲まれ、『わたし』や『あなた』という主語の抜け落ちた世界に生きている感じがするのです。それは『学生』に限らないかもしれませんが」

メディア史の研究者である松永さんは、14年から「ジャーナリズム論」の授業も担当してきた。ベースとなっているのは「同時代を記録し、その意味について批評する仕事」という哲学者、鶴見俊輔によるジャーナリズムの定義だ。

「それを自分でやってみよう、という取り組みをdoing journalismと勝手に名付けています（笑）。『批評』は『ディスる』ことではない。自分が見聞きしたことについて、『わたし』という主語で考え、表現する。これが『ジャーナリズムする』こと。価値観の異なる人々の間で、妥協点を探っていくための練習だと伝えています」

計15回の授業では毎回、「最近モヤっとしたこと」など、大まかなテーマを提示して「今週のジャーナリズム」という200字程度の小文を書かせる。次の授業でそれをいくつか紹介して議論する。時事問題を取り上げながら、「客観報道」「輿論《よろん》／世論」などジャーナリズムをめぐる概念や歴史を解説する。現役の記者やメディア関係者に仕事について話してもらう。最終回には「キャンペーン報道を企画する」という課題を出す。

その中で「新聞って人が作っているんだ」と驚く学生や「新

聞記者はネットからニュースを作っていると思っていた」と話す学生もいたという。

「一人一人がメディアを利用する〝ジャーナリスト〟として、メディアリテラシーを身につける必要があると考えました」と書いてきた学生もいる。「学生たちは、記者が足を使って取材をしていたことに素朴に感動するのです」と松永さんは話す。

この実践は、私が松永さん、朝日新聞の大久保真紀編集委員と共に招かれた月刊誌「婦人之友」21年11月号の鼎談《ていだん》「新聞と私たちのこれから」で知った。鼎談で大久保さんは「doing journalismを、日本の若い人たちが学校で体験できるような試みを、新聞協会などでできないですかね」と問いかけている。

米国に面白い「教科書」がある。18年に出版された「A News Hound's Guide to Student Journalism」という高校の新聞部員向けガイドブックである。

漫画のストーリーに沿って「情報は裏取りして初めて記事にできる」「証拠になる公的資料を探す」「質問を用意してインタビューに臨む」といった解説が加えられている。取材の基本やジャーナリズムの倫理が凝縮され、何度もうなずきながら読んでしまった。プロの記者にも十分通用する内容だ。その公式サイトの解説にはこうある。

「ニュースメディアは難しい時代に直面しています。良いジャーナリズムの基礎知識がなければ、若者はフェイクニュースや悪いジャーナリズムの餌食になってしまいます」

新聞協会として子供や若者にジャーナリズムを実践してもらうようなプログラムや教科書を作る活動ができないものだろうか。私も含め、協力は惜しまないと考える新聞人は少なくないはずである。

（くさかべ・さとし）

9784889290936

1920000008006

ISBN978-4-88929-093-6
C0000 ¥800E

『新聞研究』別冊
デジタル時代の新聞の公共性を考える

定価 880 円（本体 800 円＋税）

2022 年 12 月 9 日発行
編集・発行　一般社団法人日本新聞協会
〒 100-8543　東京都千代田区内幸町 2-2-1　日本プレスセンタービル 7 階
振替口座 00130-3-195998　電話 03-3591-4401（代表）